식품 브랜드 창업,
어디서부터 **시작**하죠?

식품 브랜드 창업,
어디서부터 시작하죠?

초판 1쇄 인쇄 2025년 11월 20일
    1쇄 발행 2025년 12월 10일

지은이 김지연

펴낸이 우세웅
책임편집 한홍
경영지원 고은주
북디자인 김세경

종이 페이퍼프라이스㈜
인쇄 ㈜다온피앤피

펴낸곳 슬로디미디어
출판등록 2017년 6월 13일 제25100-2017-000035호
주소 경기 고양시 덕양구 청초로66, 덕은리버워크 지식산업센터 A동 15층 18호
전화 02)493-7780 **팩스** 0303)3442-7780
홈페이지 slodymedia-mo2.imweb.me **전자우편** wsw2525@gmail.com

ISBN 979-11-6785-290-8 (03320)

글 ⓒ 김지연, 2025

※ 이 책은 저작권법에 의하여 보호받는 저작물이므로 무단 전재와 무단 복제를 금합니다.
※ 잘못된 책은 구입하신 서점에서 교환해 드립니다.

※ 슬로디미디어는 여러분의 소중한 원고를 기다리고 있습니다.
    wsw2525@gmail.com 메일로 개요와 취지, 연락처를 보내주세요.

전통 식품 '엿츠'
브랜드 출시부터
창업 과정의 현실적인 기록!

식품 브랜드 창업, 어디서부터 시작하죠?

김지연 지음

슬로디미디어

추천사

엿츠는 "우리나라 전통이 왜 욕으로 쓰이지?"라는 질문에서 시작해, 국내 모든 백화점의 러브콜을 받고, 아이돌 그룹과 협업 제품까지 선보인 전무후무한 식품 브랜드다. 식품 관련 경험자가 아무도 없던 팀이 아이디어 하나로 시장을 뒤흔드는 브랜드를 만들어낼 수 있었던 배경에는 전국을 누비며 공장 찾기부터 원료 선정, 인허가, 품질 관리, 마케팅과 브랜딩에 이르는 모든 과정을 직접 부딪쳐 익히며 팀을 이끈 김지연 대표의 치열한 실행력과 끈기가 있었다. 무수한 시행착오를 거치면서도 타협의 유혹을 뿌리치고 브랜드 철학을 끝까지 지켜낸 그녀의 뚝심이 이 책 곳곳에 살아 숨 쉬고 있다. 그래서 이 책에는 뜬구름 잡는 이야기가 한 줄도 없다. 식품 브랜드를 시작하고 싶지만 무엇부터 해야 할지 막연한 이들에게 이 책은 실전 경험이 담긴 가장 현실적인 안내서가 될 것이다.

필요한 건 열정뿐, 지금 당신의 브랜드를 시작하라.

정재희 | 유아동 의류 브랜드 '릴리앤필립' 대표

자기 것을 꺼내놓는다는 것은 설레는 일이지만 한편 부담스러운 일

이기도 합니다. 그 이야기를 듣는 사람들도 어떻게 반응해야 할지 때로는 난감해집니다. 이야기꾼인 김지연 소장님의 '엿츠' 창업 이야기는 마치 여행기나 모험담처럼 들립니다. 그가 이 일을 어렵게만 느끼지 않았고, 수익 창출만을 목표하지 않았기 때문이 아닐까 싶습니다. 행간에 가득한 웃음과 울음, 전진을 위한 다짐이 들리는 것만 같습니다.

이미 선진국의 반열에 선 대한민국에서 작은 기업이 작은 아이템으로 시작한다는 것은 벼랑 끝에 서는 것 같은 일입니다. 김지연 소장님이 엿츠와 함께 달려온 10여 년간 실패와 성공 사이를 부지런히 오가며 만든 이야기가 뒤를 잇는 창업자들에게 디딤돌과 이정표가 되기를 바랍니다.

최낙삼 | 좋은상품연구소 소장, 국가직무개발(NCS) 전문의원

우연히 알게 된 '엿츠'는 처음에 딱풀 모양의 거대 통이 센스가 넘쳐서, 두 번째는 좋은 성분에 놀라서, 세 번째는 수험생의 고민별로 섬세하게 만든 종류에 감동받아 몇 년째 구매 중입니다. 이렇게 좋은 아이템이 어떻게 탄생했는지 궁금했는데, 여기 그 해답이 있었습니다. 톡톡 튀는 아이디어를 사업에 어떻게 접목할지 막막한 분들을 위해 이 책은 브랜딩의 AtoZ를 친절하게 제시합니다. 넘쳐나는 아이템들 속 '내'가 브랜드가 되는 시대. 그 망망대해에서 이 책은 등대가 되어줄 것입니다.

류소희 | 엿츠의 오랜 고객

프롤로그

평범한 직장인이 브랜드를 꿈꾸다

"내 제품을 만들어 팔아보고 싶다."

이 한마디가 머릿속을 떠나지 않기 시작하면, 처음엔 묘한 설렘이 앞선다. 성공한 모습이 선명하게 그려지고, 사람들이 내 제품을 좋아해주는 모습을 상상하면 절로 미소가 지어진다. 하지만 막상 현실로 옮기려 하면, 그 설렘 사이로 서서히 불안이 스며든다. 좋은 아이디어는 있는 것 같은데, 그다음에 뭘 해야 할지 모르겠다. 검색창에 '브랜드 만들기', '창업 준비'를 쳐봐도 건질 만한 건 조각난 정보들뿐이다. 사업계획서 양식, 마케팅 전략, 성공 사례들… 모든 게 중요해 보이지만, 정작 당장 무엇부터 손대야 할지는 여전히 불투명하다.

"나 같은 평범한 사람도 정말 할 수 있을까?"
"완벽한 계획이 없으면 시작하면 안 되는 걸까?"
"실패하면 어떡하지?"

질문이 꼬리를 물고, 자꾸 멈칫하다가, "나중에 더 준비되면 해야지"라며 미룬다. 하지만 '더 준비된 나중'은 좀처럼 찾아오지 않는다.

대부분의 브랜딩 책은 이미 성공한 브랜드의 이야기를 다룬다. 억대 매출을 어떻게 만들었는지, 마케팅을 어떻게 성공시켰는지, 정부 지원사업에 어떻게 선정됐는지 등등, 물론 귀기울일 만한 이야기지만 아무것도 없는 백지 상태에서 첫발을 내딛는 사람에게는 너무 먼 이야기다. 특히 초보 창업자에게는 식품 브랜드처럼 진입 장벽이 높게 느껴지는 분야나, 혼자서는 할 수 없는 분야에 대한 현실적인 가이드는 찾기가 더욱 어렵다. 인허가부터 제조, 유통까지, 모든 과정이 처음 시작하는 이에게는 낯설고 복잡하다.

그래서 나는 '전(前) 마케팅', 그러니까 본격적으로 마케팅하기 이전 단계에 주목한다. 마케팅 이전까지, 그 막막한 순간을 어떻게 넘어야 하는지에 대한 이야기가 필요하다. 브랜드가 브랜드다워지기 전, 아이디어가 제품이 되기 전, 그 엉성하고 불완전한 시간을 어떻게 견뎌내고 한 걸음씩 전진할 수 있는지 알려주고 싶다. 나 역시 그렇게 막막한 상태에서 시작했다. 서투르고 기준도 없었다. 오직 "해보고 싶다"는 마음뿐이었다. 지금 돌아보면, 그 막막함이야말로 브랜드의 출발점이었다.

전통 간식 '엿'을 현대적으로 재해석한 브랜드를 만들어가며 겪었던 모든 시행착오와 깨달음을 이 책에 담았다. 완벽한 성공 스토리가 아니라, 실패와 시행착오를 겪으면서도 멈추지 않았던 현실적인 기록이다. 시작은 늘 막막하고, 엉성하고, 불안하다. 자주 흔들리고, 괜히 작아지고, 내가 맞는 길을 가고 있는지 끊임없이 의심한다. 하지만 그 시간을 견디고 한 걸음씩 나아가다 보면, 조금씩 나만의 결이 생긴다.

나의 경험이 누군가에게는 덜 막막한 시작이 되기를, 그리고 언젠가 당신의 브랜드 이야기를 들을 수 있기를 바란다.

김지연

차례

추천사 • 4
프롤로그: 평범한 직장인이 브랜드를 꿈꾸다 • 6

Chapter 1   아이디어 정리:
"이거 괜찮은데?" 아이디어가 브랜드가 되는 순간

좋아하는 것, 만들 수 있는 것, 필요한 것을 찾는 일부터

01 내 아이디어로 정말 브랜드를 만들 수 있을까?   14
02 나에게 맞는 아이템 선택하는 법   18
03 이런 아이템은 피해라   26
04 브랜드를 시작하기 전 마음 가이드   32

Chapter 2   시장조사:
작은 브랜드도 시장조사가 필요해?

큰돈 들이지 않고 똑똑하게 시장 읽기

01 시장조사=나와 고객을 연결하는 첫 대화   36
02 작은 브랜드 시장조사는 왜 달라야 할까?   39
03 작게 실행하는 4가지 시장조사법   41
04 작은 브랜드만이 가진 4가지 무기   54
05 완벽한 분석보다 중요한 것   58

Chapter 3 — 브랜드 정체성 구축: 브랜드 에센스, 왜 다들 중요하다고 할까?

나만의 브랜드 DNA 찾기

- 01 브랜드 에센스, 정말 꼭 필요한가? — 64
- 02 작은 브랜드일수록 브랜드 에센스가 중요한 이유 — 69
- 03 엿츠, 브랜드 에센스를 어떻게 찾았을까? — 73
- 04 좋은 브랜드 에센스의 공통점 — 82
- 05 브랜드 에센스 하나가 바꾸는 놀라운 변화들 — 86
- 06 거창하지 않게 미션과 비전 만드는 법 — 89
- 07 지금 시작해도 브랜드 에센스는 늦지 않다 — 92

Chapter 4 — 제품 개발과 시행착오: 단단해지는 과정

망해가며 배운 브랜드의 진짜 법칙들

- 01 아이디어가 책임이 되는 순간 — 96
- 02 좋은 공장 찾기가 이렇게 어려울 줄이야 — 101
- 03 계약서 없는 약속은 언젠가 독이 된다 — 111
- 04 완벽해 보였던 첫 제품? 그건 시작일 뿐이었다 — 116
- 05 100일 출시, 어떻게 가능했을까? — 121
- 06 놓친 기회가 가르쳐준 것 — 128
- 07 성장은 쌓이면 시스템이 된다 — 132

Chapter 5 — 브랜딩과 패키지: 첫인상이 전부다!

소비자의 마음을 사로잡는 디자인의 힘

01 패키지 디자인이 브랜드에 미치는 놀라운 힘 … 140
02 디자인 아이디어는 의외의 곳에서 나온다 … 148
03 디자이너와 소통하는 브리핑의 기술 … 155
04 패키지 제작할 때 절대 놓치면 안 되는 것들 … 162
05 패키지 제작 파트너 찾기: 방산시장부터 온라인까지 … 174

Chapter 6 — 브랜드 보호: 브랜드를 지키는 법적 방패

브랜드를 지키는 상표권부터 지적재산권까지의 법적 방패막이

01 브랜드를 지킨다는 것 … 188
02 상표권은 필수, 변리사는 전략 … 190
03 패키지도 자산이다, 디자인 보호의 힘 … 193
04 모방 대응, 어디까지 해야 할까? … 197
05 정부 지원 제도, 작은 브랜드의 든든한 우산 … 201
06 작은 브랜드가 당당해지는 법 … 205

Chapter 7 — 사업계획서: 꿈을 현실로 바꾸는 설계도

나를 설득하는 사업계획서 쓰기

01 나 자신을 설득하는 첫 번째 문서 … 210

02	내 언어로 쓰는 브랜드 설계도	212
03	현실과 마주하는 재무 설계	216
04	일기장에서 커뮤니케이션 도구로	218
05	무리하지 않는 단계별 성장 계획	220
06	작은 브랜드만의 전략을 찾다	222
07	사업계획서는 살아 있는 문서다	225
08	오늘 당장 시작하는 사업계획서	227

Chapter 8

유통과 마케팅:
이제 진짜 시작이야! 세상에 내보내기

작은 브랜드가 큰 시장에서 살아남는 법

01	첫 판매 이후, 진짜 시작은 그때부터다	232
02	첫 유통 채널, 어떻게 설계할 것인가?	235
03	마케팅, 큰돈 말고 작은 실행부터	240
04	가격 전략, 원가+감정+선택	244
05	포기의 기술, 집중의 힘	247
06	완벽하지 않아도, 작아도, 느려도 괜찮은 이유	252

에필로그_ 작은 질문 하나면 충분해요 • 255
부록 • 257

Chapter 1

아이디어 정리:

"이거 괜찮은데?"
아이디어가 브랜드가 되는 순간

좋아하는 것,

만들 수 있는 것,

필요한 것을 찾는 일부터

내 아이디어로 정말
브랜드를 만들 수 있을까?

01

    브랜드는 언제, 어디서 시작될까? 내게는 뜻밖의 공백기에서 시작됐다. 방콕에서의 며칠은 달콤했다. 아침 알람도 없고, 카페에서 시간을 낭비해도 괜찮았다. 처음엔 자유가 주는 여유에 취했지만, 시간이 지날수록 마음은 점점 불안해졌다. 계획 없이 회사를 그만두고 무작정 떠난 여행이었으니까. 그때, 예전 회사에서 함께 일하던 이사님에게서 연락이 왔다. "새로운 프로젝트가 있는데, 한번 해보지 않을래?" 그 한마디가 내 공백기를 끝냈다. 나는 서둘러 한국으로 돌아왔다.

    하지만 합류한 프로젝트는 두 달도 안 돼 중단됐다. 내 일도 함께 사라졌다. 그러자 그분이 말했다.

    "스토리의 힘을 직접 증명해볼 방법을 찾아보자. 우리도 직접 브랜드를 만들어보는 건 어때?"

    그 순간, 내 인생의 방향이 바뀌었다. 나는 웹기획자였다. 잡지사에서 콘텐츠를 다뤄본 경험은 있었지만, 브랜드를 만드는 건 완전히 다른 일이었다. 제품 개발, 마케팅, 유통, 모든 게 낯설었고 두려웠다. 그런데도 마음이 움직였다. 이유는 알 수 없었지만, 왠지 재미있을 것 같았다. 그렇게 어설픈 기대감과 막연한 두려움을 안고 시작했다. 외부 디자인 회사와 함께, 1인 프로젝트팀으로 출발한 작고 무모한 시도였다.

내가 일하던 곳은 스토리 전문 회사였다. 책, 영화, 드라마를 만들고, 기업과 브랜드에 스토리를 입히는 작업도 했다. 제품이 잘되면 제품이 좋아서, 기대에 못 미치면 브랜드 스토리가 약해서라는 말을 프로젝트 현장에서 늘 들었다. 스토리만으로는 브랜드가 오래가지 못하고, 제품만으로는 금방 잊힌다. 두 가지가 만나야 비로소 브랜드의 힘이 생긴다. 프로젝트를 할 때마다 아쉬움이 남는 지점이 바로 그것이었다. 남의 브랜드에 스토리를 입히는 것과, 처음부터 이야기를 품고 제품으로까지 만드는 건 전혀 다른 일이었다. 그때 마음먹었다. 브랜드 철학과 제품이 동시에 살아 있는 브랜드를 처음부터 끝까지 만들어보자.

그게 엿츠의 출발점이었다. 문제는 웹기획자인 내가 뭘, 어떻게 만들어야 할지 전혀 몰랐다는 것이었다. 회의실에서의 대화는 가벼운 농담으로 시작됐다. 테이블 위엔 늘 사탕과 초콜릿이 놓여 있었다. 어느 날 누군가가 말했다.

"사탕이나 초콜릿 말고, 우리나라 전통 간식 중엔 뭐가 있지? 엿, 강정, 이런 거? 근데 왜 엿은 욕처럼 쓰일까? 초콜릿은 선물하는데, 예전엔 우리도 엿을 선물하지 않았어?"

농담 같던 대화가 점점 진지해졌다. 엿의 역사와 문화적 의미를 찾아봤다. 과거에 엿은 단순한 간식이 아니었다. 왕의 브레인푸드라 불릴 만큼 귀했고, 시험을 앞둔 수험생이나 정월 초하루에는 복을 기원하는 선물이기도 했다. 하지만 지금의 엿은 욕으로 오해받고, 촌스럽고 낡은 이미지로 읽혔다. 예쁜 포장, 트렌디한 느낌도 없었다.

"엿을 현대적으로 재해석하면 어때? 스토리를 입히면 엿도 충분히 새로워질 수 있지 않을까?"

그때부터였다. 엿을 새롭게 바라보기 시작한 순간, 스토리로 시작해 브랜드로 확장할 가능성이 열렸다. 우리는 첫 번째 실험을 준비했다. 이름은 자연스럽게 정해졌다. 엿(Yut)에 S를 더해 Yutts(엿츠). 엿뿐만이 아니라, 다양한 '달콤한 것들'을 담고 싶었다. 그렇게 엿츠는 옛것에 스토리를 더한 새로운 도전, 그리고 달콤한 것들이 모인 브랜드로 시작됐다.

엿츠처럼 우연한 대화에서 시작된 브랜드도 있지만, 처음 시작하는 동기는 정말 다양하다. 어떤 브랜드는 아주 사적인 불편함에서 출발한다. 스팽스(Spanx)의 창업자 사라 블레이클리는 흰 바지를 입을 때 속옷 라인이 드러나는 게 싫어서 팬티스타킹 발목 부분을 잘라냈다. 작은 불편을 해결하려던 행동이 지금은 수십억 달러 규모의 브랜드로 이어졌다. 시작이란, 이렇게 우연처럼 보이는 사소한 순간에 숨어 있는 경우가 많다.

문제 해결에서 태어난 브랜드도 있다. 생리컵 브랜드 '릴리컵'은 기존 제품의 불편함과 환경 문제를 개선하고 싶다는 문제의식에서 출발했다. 하나의 문제 해결이 아예 새로운 제품의 카테고리를 만들었다.

기술적 발견이 브랜드로 이어지기도 한다. 실리콘밸리의 많은 스타트업들이 그렇다. 배터리 수명을 획기적으로 늘린 기술이 전기자동차 브랜드 하나를 탄생시켰다. 이렇듯 기술적 돌파구가 완전히 새로운 시장을 열기도 한다.

문화적 갈증에서 시작된 브랜드도 있다. 29cm가 대표적이다. 기존 온라인 쇼핑몰들이 '최저가'와 '할인'만 강조하던 시절, 이들은 전혀 다른 길을 택했다. 브랜드의 스토리와 철학을 중심으로 상품을 소개하고, 고객이 '더 나은 선택'을 할 수 있도록 돕는 편집숍을 꿈꿨다. 멋지고 착하고 엉뚱한 브랜드를 발굴해 그들의 이야기를 제대로 들려주고 싶다는 열망, 그 마음이 지금의 29cm를 만들었다.

결국 브랜드는 거창한 계획에서 태어나는 게 아니다. 우연한 발견, 사소한 불편함, 호기심에서 시작되기도 한다. 완벽한 전략보다 "이거 해볼 만한데?" 하는 직감과 그걸 끝까지 밀고 나가겠다는 마음이 브랜드의 시작이다.

나에게 맞는
아이템 선택하는 법

02

엿츠는 아주 우연한 계기로 시작된 브랜드였다. 처음엔 스토리 실험처럼 가볍게 던진 아이디어였다. 솔직히 말하면 "이 아이템이 나에게 맞을까?" 같은 고민조차 하지 않았다. 그런데 시간이 지나고 돌아보니, 그 안에 브랜드 아이템을 고를 때 정말 중요한 힌트들이 담겨 있었다. 그래서 엿츠를 하면서 뒤늦게 배운 것을 나누려고 한다. 만약 지금 다시 시작한다면 스스로에게 먼저 물어보고 싶은 질문이 있다. 이런 질문에 답하면서 단순히 무엇을 팔지가 아니라, 어떤 아이템이 나에게 맞는지를 찾아가야 한다. 여러분은 나보다 조금 더 단단하게, 조금 더 현명하게 시작하길 바란다.

정말 좋아할 수 있는 아이템인가? (그리고 전하고 싶은 메시지가 있는가?)

하나의 제품이 브랜드가 되기까지는 생각보다 시간이 오래 걸린다. 단순히 '팔아볼 만한 아이템'이 아니라, 오랫동안 붙들고 갈 수 있는 '내 것'이어야 한다. 그러려면 진짜 좋아할 수 있어야 한다. 아니, 더 정확히는 좋아할 이유가 있어야 한다.

엿츠를 시작할 땐 "왜 엿은 욕처럼 쓰일까?"라는 사소한 궁금증에서 출발했다. 대부분의 시작은 이렇듯 가볍다. 그런데 진심은 작은 호기심에서 천천히 자라난다. 어떤 아이템은 겉으론 단순해 보여도 깊이 들여다보면 그 안에 이야기가 살아 있다. 역사나 문화, 기술 혹은 아이템이 가진 사회적 의미를 알게 되는 순간, 관심은 애정으로 바뀐다.

하지만 애정만으로는 부족하다. 브랜드는 물건이 아니라 이유다. 누구나 무엇이든 팔 수는 있지만, 왜 파는지를 설명할 수 있는 브랜드는 드물다. '왜?'는 브랜드의 본질이다. 전하고 싶은 메시지가 있어야 한다는 뜻이다.

엿츠는 '긍정 에너지'를 전하고 싶었다. 그냥 달콤한 엿이 아니라, 누군가에게 응원이나 위로가 되는 선물이었으면 했다. 그래서 엿 하나에도 이름을 붙였고, 포장지엔 짧은 문장을 새겼으며, 마케팅에도 따뜻한 이야기를 담았다.

지금도 DM으로 메시지를 받을 때면 마음이 울컥한다.

"면접 앞두고 친구힌테 주려고요."

"야근으로 지친 남편의 가방에 몰래 넣어뒀어요."

그럴 때마다 제품보다 이야기가 더 오래간다는 걸 느낀다. 브랜드는 물건이 아니라 이유다. 스토리로 소비되고, 가치로 기억된다.

결국 브랜드를 오래 지속하는 진짜 원동력은 여기서 나온다. 가볍게 시작해도 괜찮다. 하지만 그 안에서 배울 것이 많고 더 알고 싶다는 마음이 생긴다면, 오래 함께할 이유가 생긴다. 애정 없이 '팔릴 것 같아서'라는 이유로만 시작하면, 수많은 시행착오 앞에서 오래 버티기 어렵다. 결국 끝까지 버티게 해주는 힘은 그 아이템에 대한 진짜 애정과 그것을 통해 전하고 싶은 진심 어린 메시지다.

2~3년 뒤에도, 나는 이 이야기를 여전히 즐겁게 하고 있을까? 사람들 앞에서 계속 이 주제를 이야기하고 싶을까? 그리고 이걸 통해 세상에 어떤 이야기를 전하고 싶은가? 그 답이 명확하다면, 정말 잘 맞는 아이템일 가능성이 높다.

내 경험과 연결되는가?

완전히 생소한 분야보다는 내가 해왔던 일, 관심 있었던 분야와 이어진 아이템이 훨씬 더 강력하다. 내가 가진 배경과 경험을 브랜드에 어떻게 녹일 수 있을지 고민하면, 아이템 선택은 훨씬 수월해진다.

나는 10년 가까이 웹기획자로 일했다. 엿츠를 시작했을 때, 그 경험이 도움이 됐다. 회의에서 아이디어가 나왔지만 실행은 대부분 내 몫이었고, 브랜드 초기에는 프로젝트 일정 관리, 자원 배분, 외주 커뮤니케이션, 실행 계획 수립 등 기획자 시절에 하던 일을 그대로 해야 했다.

처음엔 혼자 시작했지만 나중에는 후배 작가와 팀을 구성해서 함께 온라인 판매 전략을 세우고, 소비자 반응을 분석하고, 브랜드 방향성과 마케팅 메시지를 다듬어갔다. 물론 모르는 것도 많았다. 식품 제조, 유통, 원가 관리 모두 처음 접하는 영역이었지만 외주와 파트너십, 학습으로 하나씩 채워나갔다.

익숙한 일은 내가 해냈고, 낯선 영역은 하나씩 길을 찾았다. 강점은 더 단단하게, 약점은 다른 방법으로 채웠다. 돌아보면, 엿츠는 내가 할 수 있는 가장 현실적인 방식으로 브랜드를 구현해본 첫 경험이었다. 나뿐만 아니라 누구든, 경험은 생각보다 훨씬 더 넓은 방식으로 활용할 수 있다. 예를 들어, IT 개발자는 모듈식 사고를 활용해 조립형 가구 브랜드를 만들었고, 간호사는 환자 케어 경험을 바탕으로 민감성 피부 스킨케어 브랜드를 만들며, 셰프는 주방의 불편함을 해결하기 위해 실용 식기 브랜드를 시작했다.

각자의 전문성은 전혀 다른 산업에 새로운 가치를 더할 수 있다. 오히려 그 낯설고 독특한 배경이야말로, 누구도 쉽게 따라 할 수 없는 차별화의 시작점이 된다.

그래서 아이템을 고르기 전에 꼭 던져야 할 질문은 "나는 어떤 경험을 했고, 그걸 브랜드에 어떻게 녹일 수 있을까?"다. 그 답을 찾는 순간, 시작은 훨씬 가벼워진다.

시장에 진짜 필요한가?

브랜드를 시작할 때 흔히 하는 착각이 내가 좋아하니까, 사람들도 좋아할 거라는 것이다. 그런데 안타깝게도 그렇지 않은 경우가 많다. 누군가에게는 소중한 아이디어가 시장에서는 아무 의미도 없을 수도 있다. 나도 처음엔 이 사실을 받아들이기 어려웠다. 상품이 좋으니까 잘될 거라는 믿음은 우리를 쉽게 설득한다. 하지만 브랜드는 결국 누군가에게 필요한 것이어야 한다.

그래서 시작하기 전에 늘 이 질문부터 던진다. "이건 진짜 필요한 걸까, 아니면 그냥 내가 좋아하는 걸까?" 단순하지만, 아이템의 운명을 바꾸는 질문이다. 내가 만든 아이템이 나의 개인적인 취향으로 끝날지, 브랜드로 자리 잡을지는 여기서 갈린다.

모든 시장엔 틈이 있다. 다만 그 틈이 착각인지 기회인지를 먼저 구분해야 한다. 단순히 "있으면 좋을 것 같은데"라는 추측만으로는 부족하다. 사람들이 왜 그걸 원하는지, 그 욕구가 얼마나 강한지, 그게 정말로 지금 필요한 건지 정확히 알아야 한다. 이는 사업의 본질을 가르는 질문이다.

브랜드를 오래 지속하게 만드는 건, 시장도 원하고 나도 좋아하는 것의 교집합이다. 둘 중 하나라도 비어 있으면 오래가기 어렵다. 그 답을 찾기는 쉽지 않다. 하지만 시작하기 전에 이 질문만큼은 놓치지 말자. "이건 진짜 누군가에게 필요할까?"

내 리소스로 가능한가?

아이디어가 아무리 멋져도, 지금 내가 가진 조건에서 실행할 수 없다면 의미가 없다. 브랜드의 시작은 결국 실행 가능성에서 출발한다. 시제품은 어떻게 만들까? 물류와 배송은? 어디에, 어떻게 팔까? 내가 쓸 수 있는 시간과 초기 자금은? 그리고 무엇보다 중요한 질문은 이 모든 과정을 내 힘으로 컨트롤할 수 있는지 여부다.

처음엔 주변의 도움이나 좋은 기회가 든든하게 느껴진다. 왕홍(중국 인플루언서)과 연결해준다거나 타오바오(중국 최대 온라인 쇼핑몰)에 입점시켜준다고 하지만, 그런 말만 믿고 브랜드의 기반으로 삼는 순간 리스크만 늘어난다. 도움은 부스터일 뿐, 조건이 될 수 없다.

한 지인이 중국 시장에서 성과를 내자 더 큰 도움과 기회가 찾아왔다. 그는 자체 브랜드를 만들고 수십만 장의 제품을 찍어냈지만, 사드

사태로 계약이 끊기자 빚과 재고만 남았다. 반면 내수 기반을 다져둔 동업자는 타격은 받았어도 버텼다. 고정 고객과 거래처, 채널이 있었기 때문이다.

내 리소스란 자본만이 아니다. 시간, 기술, 생산 루트, 실행할 에너지까지 모두 포함한다. 중요한 건 내 힘만 가지고도, 작게라도 시장에 내놓을 수 있는가의 여부다.

브랜드는 완벽하게 준비된 상태에서 시작되지 않는다. 하지만 감당할 수 있는 최소한의 준비가 위기를 넘어설 힘이 된다. 브랜드는 내 리소스를 바탕으로만 안전하다.

확실한 차별화 포인트가 있는가?

대부분의 아이템은 세상에 이미 있다. 완전히 새로운 건 드물다. 그래서 브랜드를 만들 때 무엇을 다르게 만들 것인가 하는 질문이 중요하다.

차별화는 어렵게 생각할 필요가 없다. 소비자들이 기존 제품에서 느끼는 아쉬움, 불편함, 어색함 같은 것을 잘 들여다보면 된다.

"디자인이 촌스러워요."

"기념일 선물로 주긴 좀 애매해요."

"왜 꼭 이럴 때만 쓰는 거죠?"

이런 피드백 하나하나가 차별화의 씨앗이 된다.

그리고 모두 비슷한 길을 택할 때, 나는 조금 다른 경로를 선택해보자. 모두가 가격 경쟁을 한다면 품질이나 철학을 고민하고, 모두가 기능을 내세운다면 감성이나 이야기로 접근하고, 모두가 전통을 강조한다면 위트와 재해석을 선택할 수 있다. 다른 산업의 사례를 보면 명확해진다. 노션은 "모든 워크스페이스를 하나로"라는 메시지로 생산성 도구 시장을 새롭게 정의했고, 지포어는 골프웨어에 '디스럽티브 럭셔리(파괴적 혁신을 통한 고급화)'라는 감각을 입혀 전통적인 시장에 반전을 일으켰다. 당근마켓은 "우리 동네 중고거래"라는 한 줄로 단번에 사용자의 머릿속에 자리 잡았다.

아이템을 정할 때는 우리 브랜드만이 줄 수 있는 한 줄은 무엇인지 고민해야 한다. 그 한 줄이 기존과 다른 이유를 설명해준다면 곧 차별점이 된다. 기능이나 가격은 누구나 따라 할 수 있지만, 독특한 맛과 식감, 일관된 품질, 브랜드의 사용 맥락, 감정적 연결은 쉽게 복제할 수 없다. 그 차별화는 네이밍, 패키지, 마케팅 메시지를 비롯해 브랜드 전체의 경험에 일관되게 녹아 있어야 한다. 그리고 그 방향이 기존 시장의 빈틈과 정확히 맞아떨어질 때 브랜드는 살아남는다.

브랜드를 차별화할 때 주의해야 할 함정이 하나 있다. 겉모습만 바꾸면 된다고 생각하는 것이다. 좋은 기술이 있다고 해서 모두 오래가는 건 아니지만, 기술이 전혀 없는 브랜드는 버티기 어렵다. 식품은 결국 '만드는 힘'에서 차이가 나기 때문이다. 반짝 아이디어로 시장의 눈길을 끌 수는 있지만, 결국 막대한 자본과 더 탄탄한 기술을 가진 경쟁자가 따라붙으면 금세 무너진다.

흥미롭게도, 소비자들은 기업이 가진 기술에는 관심이 없다. 누구도 어떤 제조 기술을 쓰는지 이야기하지 않는다. 대신 입에 넣는 순간 느껴지는 맛, 씹었을 때의 질감, 색과 향의 미묘한 차이에 반응한다. 기술은 보이지 않지만, 그 결과는 확실히 감각으로 전달된다.

많은 초보 창업자가 이 점을 간과한다. "OEM(주문자 상표 부착 생산) 공장에 주문하면 제품은 나오겠지"라는 안일한 생각으로, 포장과 네이밍만 그럴듯하게 꾸미는 데 집중한다. 하지만 그 정도로는 오래가지 못한다. 차별화라 부를 만한 무언가는 결국 안에서 만들어져야 한다.

엿츠도 OEM으로 출발했지만, 공장에 맡겨두지만은 않았다. 수십 번의 시제품을 테스트하고, 재료 비율을 조정하고, 포장 방식을 바꾸는 시행착오를 거치면서 '우리만의 기준'을 하나씩 세워갔다. 그 과정이 없었다면 지금의 엿츠도 없었을 것이다.

결국 차별화는 포장이나 말이 아니라, 기술이 만들어내는 '경험'에서 시작된다. 그리고 언젠가는 수작업의 한계를 넘어서는 시스템을 갖춰야 한다. 그래야 진짜 브랜드로 살아남는다.

차별화 포인트를 찾는 일은 나에게 맞는 아이템을 고르는 과정과도 연결된다. 완벽한 아이템은 없다. 대신 나에게 맞고 지금 당장 시작할 수 있는 아이템은 있다. 그걸 찾는 것이 브랜드를 시작하는 첫걸음이다. 그리고 어떤 아이템이 맞는지만큼 어떤 아이템은 피해야 하는지도 중요하다. 엿츠를 하면서 나는 그 사실을 조금 늦게 배웠다.

이런 아이템은 피해라

03

 엿츠를 만들면서, 그리고 다른 브랜드들을 지켜보면서 공통된 패턴을 발견했다. 고전하거나 힘을 잃는 브랜드는 "아, 이런 아이템은 피했으면 좋았을 텐데" 싶은 순간이 있다는 것이다.

 아이템을 고를 때는 좋아서, 필요해서, 잘 팔릴 것 같아서 등 나름의 이유가 있다. 하지만 그런 이유들에는 함정이 숨어 있다. 처음엔 괜찮아 보였는데, 막상 시작하고 나니 예상치 못한 벽에 부딪히는 것이다.

 정확한 기준이 있었던 건 아니다. 다만 시행착오를 겪으며, 그리고 비슷한 고민을 하는 다른 브랜드들을 보며 찜찜함과 후회가 쌓였다. 미리 알았더라면 좋았을 순간들을 정리해보려 한다.

트렌드에만 의존하는 아이템

 "요즘 이걸로 대박 났다던데?"

 트렌드를 따르는 건 나쁘지 않다. 하지만 오직 트렌드에만 의존하는 아이템은 위험하다. 트렌드는 빠르게 변하고, 그 변화에 맞춰 브랜드도 계속 바뀌어야 한다. 한때 인기였던 수제청, 버블티, 탕후루 매장이 지금은 얼마나 남아 있을까? 패스트패션처럼 하루가 다르게 바뀌는 영역일수록 금방 지치고 잊힌다. 트렌드에 모든 걸 건 브랜드는 그 트렌드와 함께 사라지기 마련이다.

반면, 트렌드를 활용하되 자신만의 핵심 가치를 가진 브랜드는 살아남는다. 파타고니아는 친환경·지속가능 패션이라는 흐름으로 주목받았지만, 단순히 유행을 좇은 게 아니었다. 그 중심에는 "우리는 지구를 구하기 위해 존재한다"라는 뚜렷한 철학이 있었다. 환경 보호라는 가치는 트렌드가 바뀌어도 여전히 유효했고, 지금도 많은 사람의 지지를 받는다.

Yutts x EXO 콜라보 상품

엿츠도 한때 시장의 흐름에 맞춘 기획 상품을 시도한 적이 있었는데, SM 엔터테인먼트의 엑소와 콜라보했던 것이다. 엑소라니! 하늘의 별을 딴 듯한 기분이었다. 하지만 그 빛은 오래가지 않았다. 팬덤 열기에 힘입어 판매가 이뤄졌지만, 아이돌 굿즈가 이미 시장에 넘쳐나던 시기여서 기대만큼 팔리지도 않았고, 일부에선 '등골 브레이커'라는 비난까지 나오면서 브랜드에는 좋은 영향을 끼치지 못했다.

트렌드보다 중요한 건, 그 안에 담긴 '진짜 이유'다. 유행이라서가 아니라, 왜 사람들이 좋아하는지를 이해해야 한다.

규모에만 끌린 아이템

시장이 크니까 기회도 클 거란 생각에 아이템을 고르는 경우가 많다. 얼핏 생각하면 논리적이다. 큰 시장이면 수요도 많고 성장 가능성도 있어 보이기 때문이다. 하지만 작은 브랜드로서는 이 전략은 위험하다. 큰 시장에는 이미 강력한 경쟁자가 있다. 자본, 유통망, 마케팅 파워를 갖춘 기업이 시장을 지배한다. 그런 시장에 신생 브랜드가 진입하는 건 쉽지 않다. 초기 브랜드가 버틸 체력도 부족하다. 규모보다 중요한 건 내가 자리 잡을 작은 공간이 있는가다.

엿츠도 마찬가지였다. 처음 데이터를 찾으려고 검색했지만, 엿 시장은 통계에도 잡히지 않을 만큼 작았다. 주변에서는 그 시장은 끝났다고 했다. 하지만 아무도 주목하지 않는다는 건, 달리 말하면 경쟁도 별로 없다는 뜻이었다. 오히려 나만의 방식으로 시도하고 틈새를 차지할 여지가 많았다. 작은 시장에서도 충분히 의미 있는 일을 할 수 있었다는 말이다.

다만 '작다'는 건 당장의 매출에는 한계가 있을 수 있다는 뜻이다. 그래도 작은 시장에서 단단하게 만든 브랜드는 언젠가 비전을 넓히거나 방향을 바꿀 때 든든한 발판이 된다.

완전히 새로운 시장을 개척해야 하는 아이템

"이거, 세상에 없던 아이템이야."

이런 말을 들으면 멋지다. 한 방에 판을 뒤집을 것 같고, 나만의 전설이 시작될 것처럼 보인다. 하지만 브랜드 입장에서 '완전히 새로운 시장'은 생각보다 거대한 모험이다.

메타버스(가상현실) 교육 플랫폼처럼, 지금은 익숙해졌지만 불과 몇 년 전만 해도 사람들은 "왜 굳이 가상공간에서 수업을 해야 하지?"라며 의문을 가졌다. 개념부터 설명해야 하고, 필요성을 설득하는 데 시간과 비용이 든다. 비슷하게 곤충 단백질 바, 대체 단백질 식품도 환경을 이유로 주목받았지만, 심리적 장벽이 높아 시장이 형성되는 데 시간이 오래 걸렸다.

혁신적인 건 좋다. 하지만 완전히 새로운 시장을 개척해야 하는 아이템은 소규모 브랜드로선 너무 큰 부담이 될 수 있다. 고객을 교육시키는 비용과 시장을 만들어가는 시간까지, 그 모든 걸 감당하기엔 현실적인 자원이 부족하다. 반대로, 기존 시장에서 새로운 방식으로 접근하는 건 훨씬 현실적이다. 새로운 브랜드를 꼭 미지의 땅에서 시작할 필요는 없다. 이미 사람들이 알고 있는 세계 안에서도 새로운 이야기는 만들 수 있다.

처음부터 허들이 너무 높은 아이템

아이디어만 보면 완벽하다고 해도, 만들 수 있을까? 아니, 팔 수 있을까?

브랜드는 결국 현실에서 움직여야 한다. 아이디어가 아무리 근사해도 실행하기까지 너무 멀면 브랜드라기보단 가능성만 있는 메모에 불과하다. 특히 시작 단계에서 허들이 너무 높은 아이템은 경계해야 한다. 초기 브랜드는 기반이 약하고, 자본과 시간도 한정돼 있다. 이런 조건에서 아래 유형의 아이템은 실패 확률이 지나치게 높다.

의료기기나 기능성 식품처럼 법적 인증 과정이 복잡한 아이템은 시간이 오래 걸린다. 돈으로도 단축할 수 없을 만큼 시간이 필요하다. 대규모 설비 투자가 필요한 제조업은 공장 설비, 대형 생산 라인 같은 인프라가 필요해 소규모 테스트가 어렵다. 시작부터 억 단위 투자가 들어가면 실패했을 때 복구하기가 힘들다. 전문 자격이 필요한 서비스업은 의료·법률처럼 자격증 없이는 실행이 불가능해 외부 전문가에 대한 의존도가 높다. 유통 구조가 독점적인 카테고리는 대형마트 전용 상품처럼 소수 플레이어가 채널을 장악해 진입이 쉽지 않다.

반면 엿은 이런 허들을 피할 수 있는 아이템이었다. 공장 같은 큰 시설 투자 없이 OEM으로 시작할 수 있었다. 무엇보다 규모가 우리가 컨트롤할 수 있는 범위여서 가능했다. 시제품을 맡길 수 있는 소규모 공장을 찾았고, 인증 절차도 복잡하지 않았다. 만약 기능성 인증이나 대규모 설비가 필요했다면, 첫걸음조차 떼기 어려웠을 거다.

처음의 도전은 가볍게 하는 게 좋다. 넘어야 할 벽이 너무 높으면 시작조차 못 하거나, 시작해도 지치기 쉽다.

수익 구조를 계산하지 않는 아이템

"만들면 팔리겠지" 싶겠지만, 정말 중요한 건 그다음이다. "어디에 팔지?" 더 중요한 건 "얼마 남지?" 하는 문제다. 또한 브랜드는 잘 팔리는 걸 넘어서, 지속가능한 구조를 가져야 한다.

엿츠도 초반엔 제품화에만 집중했다. 디자인, 패키지, 원재료 하나하나 정성을 들였고, 반응도 나쁘지 않았다. 그런데 정작 손에 쥐는 돈은 없었다. 재료비, 패키지 단가, 인쇄비, 배송비, 보관비, 마진, 수수료, 세금, 광고비, 외주비를 합치니, 남는 건 없고 마음만 지쳤다.

이런 일은 엿츠만의 이야기가 아니다. 많은 브랜드가 '만드는 데 드는 비용'만 고려하다가 나머지 비용을 간과한다. 특히 초보 브랜드는 원가 계산에 익숙하지 않아 예상치 못한 지출에 당황한다.

결국 아무리 좋은 아이템이라도 돈이 남지 않으면 지속하기 어렵다. 감정적으로는 만족스럽더라도 현실적으로는 버틸 수 없는 상황이 된다. 그래서 아이템을 고를 때는 얼마에 팔 수 있을지, 얼마나 남을지를 미리 계산해야 한다. 브랜드는 감정으로 시작되지만, 숫자로 살아남는다. 이 계산이 틀리면 아무리 아름다운 철학도 오래가지 못한다.

결국, 브랜드의 운명은 무엇을 선택했는가에서 시작된다. 피해야 할 아이템은 지금의 나로는 감당하기 어려운 것이다. 너무 복잡하거나, 너무 낯설거나, 너무 계산되지 않아 감당할 수 없다.

브랜드의 시작은 무모한 도전이 아니라, 현명한 선택에서 출발한다. 내가 할 수 있는 것, 좋아할 수 있는 것, 의미를 담을 수 있는 것을 골라야 한다. 그 교집합 안에서 찾은 아이템이 가장 오래가고, 가장 진정성 있는 브랜드가 된다. 아이템을 피하라는 말은 하지 말라는 뜻이 아니다. 다만 이유 없이, 확인 없이, 혼자만의 감정으로 시작하지는 말자는 뜻이다. 스스로 납득할 수 있는 기준에서 출발해야 한다. 그러면 실패하더라도 남는 건 상처가 아니라 값진 배움이 된다. 그리고 그 경험은 다음 아이템을 더 정교하게 만든다. 그렇게 조금씩 쌓인 선택이 어느 순간 '내 브랜드'를 완성한다.

브랜드를 시작하기 전
마음 가이드

04

피해야 할 아이템을 알았다고 해서 브랜딩이 쉬워지는 건 아니다. 막상 시작하면 예상치 못한 벽에 부딪힌다. 정작 가장 무서웠던 건 돈도, 실패도 아니었다. 진짜 두려웠던 건 내 마음이 먼저 무너지는 것이었다.

처음엔 재미있었다. 하지만 좋은 순간만 계속되진 않았다. 넘어지고, 다시 일어나고, 또 넘어지는 일이 반복됐다. "내가 누굴 위해 이렇게까지 힘들게 사는 거지?" 그런데도 다음 날 눈을 뜨면 또 움직이고 있었다. 그 시간을 버틸 수 있었던 건 진심이었다. 누군가에게 건네고 싶은 마음. 그 진심이 있었기에 포기하지 않았다. 그 순간 나를 붙잡아 준 건 4가지 마음가짐이었다.

첫 번째는 진심이었다. 누군가를 웃게 하고, 위로하고, 힘내라고 건네고 싶은 그 마음. 트렌드나 수익 계산과 상관없이, 누군가에게 닿고 싶은 감정이 진짜였기 때문에 버틸 수 있었다. 만약 전통 간식이 뜬다는 이유만으로 시작했다면, 첫 계절의 매출 부침조차 견디지 못했을 것이다.

두 번째는 불안을 다루는 태도였다. 제품 출시 후 첫 클레임을 받았을 때, 며칠은 잠도 안 왔다. 하지만 그건 '내가 못나서'가 아니라 브랜드가 세상에 나왔다는 증거였다. 불안을 없애려 하지 않고 함께하는 법을 배웠다. 그 불안은 나를 더 꼼꼼하고 예민하게 만들었고, 다음 문제를 줄일 수 있었다.

세 번째는 실패를 작게 쪼개는 습관이었다. 큰 실패는 마음을 부러뜨린다. 그래서 나는 실패를 작게 만들었다. 테스트를 자주 하고, 같은 실수는 반복하지 않았다. 실패가 커질 틈을 주지 않으면, 마음도 오래 상처 입지 않는다.

마지막은 고객과의 연결이었다. 진심만으로 버틸 수 있지만, 그것만으론 성장하기 어렵다. 어느 순간 "내 생각이 정말 맞을까?" 하는 의심이 찾아올 때 나를 일으킨 건 고객의 목소리였다.

"선물 건네자마자 애가 빵 터졌어요."

"센스 있는 이모로 등극했어요."

이런 짧은 한마디가 한 달의 불안을 덮어주었다. 내가 만들고 싶었던 '응원의 순간'이 제대로 전해졌다는 확인. 고객의 반응은 내 진심이 닿았다는 증거였고, 그 순간이 쌓여 브랜드는 혼자만의 이야기에서 우리의 이야기가 됐다.

브랜드의 시작은 마음에서 출발한다. 하지만 오래가는 브랜드는 좋아하는 마음에 현실감각과 실행력을 더한다. 완벽한 준비보다 중요한 건, 오늘 할 수 있는 작은 실행이다. 마음이 단단해질수록 브랜드는 오래 버틴다. 그리고 그 마음이 시장과 연결되는 순간, 아이디어는 비로소 브랜드가 된다.

Chapter 2.

시장조사:

작은 브랜드도
시장조사가 필요해?

큰돈 들이지 않고

똑똑하게 시장 읽기

시장조사
=나와 고객을 연결하는 첫 대화

01

브랜드에 대해 얘기를 꺼내면 꼭 따르는 질문이 있다. "시장조사는 하셨어요?" 나도 그랬다. 엿이라는 아이템을 꺼내면, 대개 걱정 어린 시선과 함께 시장조사는 했느냐고 물었다. 그 순간 머릿속이 하얘졌다. 시장조사라고 하면 거창한 보고서나 복잡한 그래프가 떠올랐지만, 내게는 엿이 괜찮을 것 같다는 막연한 감뿐이었다. 상대방은 전문적인 답을 기대하는 것 같았지만, 나는 아무 말도 할 수 없었다. 그 침묵이 유난히 길게 느껴졌다.

"아… 그게… 지금 준비 중이에요."

결국 이렇게 얼버무리면서 깨달았다. 나는 정말 아무것도 모르고 있구나. 그날 이후, 머릿속에서 질문 하나가 떠나지 않았다. "시장조사는 왜, 어떻게 해야 하는 걸까?"

검색창을 열었다. SWOT 분석(Strengths·Weaknesses·Opportunities·Threats, 강점·약점·기회·위협 분석), STP 전략(Segmentation·Targeting·Positioning, 세분화·표적화·포지셔닝 전략), 3C 프레임워크(Company·Customer·Competitor, 회사·고객·경쟁사 분석틀) 등등, 그럴듯한 용어가 쏟아졌다. 강점을 살리고, 약점을 보완하고, 기회를 찾고, 위협을 피하라. 맞는 말이다. 모두 중요하다. 하지만 문제는 억지로 찾아서 채우려다 보면 '형식만을 위한 조사'가 되어버린다. 강점란에 "고품질, 차별화된 디자인"이라고 썼지만, 정말 고객이 그걸 원하는지는 알 수 없었다. 기회란에 "시장 성장세, 젊은 층 관심 증가"라고 적었지만, 내가 그 기회에 어떻게 접근할 수 있을지 여전히 막막했다. 표는 그럴듯하게 채웠는데, 내일 당장 뭘 해야 할지는 여전히 몰랐다.

그 과정에서 한 가지 분명하게 깨달은 점이 있었다. 작은 브랜드의 시장조사는 전략을 위한 분석이 아니라, 결정을 위한 정보여야 한다는 것이다. "지금 만든 제품, 팔 수 있을까? 누가, 왜, 어디서 필요로 할까? 내 리소스로 진짜 실행 가능한가?" 이 질문에 답을 줄 수 있어야 시장조사다.

하지만 이런 질문에 답하려면, 먼저 인정할 점이 있다. 많은 창업자가 자신의 조직이 자본과 인력이 넉넉하지 않다고 생각해서, 큰 조직처럼 모든 걸 분석하고 검증해야 성공할 수 있다고 여긴다. 그래서 시장 규모부터 찾는다.

"우리 카테고리의 시장은 몇조 원 규모일까?"
"경쟁사는 몇 개이고 점유율은 어떨까?"

그런데 정작 우리가 원하는 정확한 데이터는 없다. 필요한 정보를 찾으려고 여기저기 검색해봐도, 원하는 데이터는 보이지 않는다. 작은 브랜드를 준비하다 보면 이런 순간이 자주 온다. 그럴 땐 데이터가 없다고 두려워하기보다, 직접 현장에서 답을 찾아야 한다. 나 역시 엿 시장 데이터가 없다는 게 처음엔 불안했지만, 누구도 주목하지 않는 틈새일수록 작은 브랜드로선 기회라는 걸 깨달았다.

시장조사는 서류 속 숫자가 아니라, 발로 뛰며 찾는 이야기다. 내가 팔고 싶은 것과 사람들이 원하는 것의 간극을 좁히는 첫 대화다. 그러므로 완벽한 분석틀보다 중요한 건 그 대화를 시작할 용기다. 대화는 완벽한 질문으로 시작되지 않는다. "안녕하세요"라는 평범한 인사로도 충분하다. 시장조사도 마찬가지다. "이 제품, 어떠세요?"라는 단순한 질문부터 시작하면 된다. 중요한 건 그다음이다. 상대방의 대답을 주의 깊게 듣고, 그 안에서 진짜 의미를 찾아내는 것이 시장조사의 첫걸음이다.

작은 브랜드 시장조사는
왜 달라야 할까?

02

　작은 브랜드에 대기업식 시장조사가 과연 맞을까? 처음 창업을 준비하는 사람이라면 시장 분석, 경쟁사 비교, 수치로 미래 예측이 당연하다고 생각할 수 있다. 하지만 안타깝게도 작은 브랜드에는 그 공식이 통하지 않는다. 애초에 게임의 룰 자체가 다르기 때문이다.

　대기업은 전체 시장의 흐름과 점유율 변화를 본다. 반면 작은 브랜드는 내가 들어갈 수 있는 틈을 찾는다. 결국 세분화와 타깃팅의 문제다. 전체를 분석하기보다 특정한 누군가를 떠올리고, 내 브랜드가 설 자리를 찾는 포지셔닝이 먼저라는 말이다.

　예를 들어, 코카콜라는 글로벌 탄산음료 성장률과 전 세계 매출 데이터를 분석한다. 반면 동네 카페는 반경 1킬로미터 안의 직장인들이 어느 시간대에 어떤 음료를 주로 찾는지 살핀다. 같은 시장이라도 던지는 질문이 완전히 다르다.

　이 차이는 시장조사 방법으로 그대로 이어진다. 대기업은 방대한 데이터를 분석해 전략을 세우지만, 작은 브랜드는 그럴 필요도, 여력도 없다. 대신 더 가까이, 더 세밀하게, 더 빠르게 움직인다. 예를 들어, 새로운 음료 메뉴를 기획한다면 대기업은 전국 단위 설문과 테스트 매장을 거치겠지만, 작은 브랜드는 일주일 안에 시제품을 만들어 단골 고객 20명에게 반응을 묻는다.

작은 틈새시장일수록 온라인 어디를 뒤져봐도 공식 통계나 최신 보고서를 찾기 어렵다. 그럴 때 선택지는 둘뿐이다. 불확실성을 이유로 멈추거나, 아무도 주목하지 않는 자리를 기회로 삼거나. 나는 후자를 택했다.

작은 브랜드에 중요한 건 시장 점유율이 아니라 시장 진입 가능성이다. 거대한 시장의 0.1%를 계산하기보다, 내가 주인공이 될 수 있는 공간을 찾는 편이 훨씬 현실적이다. 예를 들어, 화장품 시장이 15조 원이라고 해도 그중에서도 "매일 마스크를 8시간씩 착용하는 의료진 전용 스킨케어' 시장은 얼마나 될까? 그 시장에서 우리가 1등이 될 수 있을까?"로 질문이 바뀌면, 조사 방향과 결과가 달라진다.

결국 시장조사는 거대한 파이를 나누는 것이 아니라, 나만이 통과할 문을 찾는 일이다. 완벽한 데이터보다 중요한 건 지금 이 자리에서 할 수 있다는 확신이다. 거창할 필요가 없다. 살짝 비어 있는 작은 틈만 찾으면 충분하다.

작게 실행하는
4가지 시장조사법

03

 그렇다면 작은 브랜드는 시장조사를 어떻게 시작해야 할까? 거창한 이론보다는 현장에서 부딪히며 배운 경험이 더 도움이 된다.

방법 1: 보이는 것부터 확인하라

 시장조사의 첫걸음은 의외로 단순하다. 검색창에서 수치를 찾기보다는 직접 눈앞의 시장을 확인하는 것이다. 준비 중인 제품과 비슷한 것을 온라인과 오프라인에서 찾아본다. 오프라인에서는 매장 진열대와 사람의 동선을 살피고, 온라인에서는 상품평과 상세페이지, 판매 순위, Q&A의 질문 패턴까지 파악한다. 사람들은 리뷰에서 불만보다도 진짜 욕심나는 포인트를 솔직하게 드러낸다. 그렇게 모은 조각들이, 숫자로만 보는 시장보다 훨씬 생생한 지도를 그리게 돕는다.

 내가 가장 먼저 부딪힌 문제도 바로 이것이었다. 엿츠를 준비할 때 가장 답답했던 건 공식적인 데이터의 부재였다. '엿 시장 규모'를 검색해도 전통 간식이라는 큰 범주에 묻힐 뿐, 엿만 다룬 자료는 거의 없었다. 애초에 '엿 시장'이라는 말 자체가 불규칙하고 적은 수요가 흩어진 채 존재하는, 범주가 흐릿한 영역이었다. 그래서 책상 앞을 벗어나 발로 뛰기 시작했다.

가장 먼저 휴게소로 갔다. 진열대를 훑어보니 제품은 많고 가격대는 비슷했다. 그런데 이상하게도 기억에 남는 이름이 없었다. 대부분 "○○ 장인의 엿"처럼 생산자만 강조되어 있었고, 패키지 언어는 놀랄 만큼 닮아 있었다. 제품은 많은데, 브랜드는 없었다.

다른 곳에서 더 흥미로운 것을 발견했다. 엿이 등장하는 공간을 유심히 살펴보니 패턴이 있었다. 엿은 고급 매장이나 세련된 공간에서는 좀처럼 보이지 않았다. 시장, 약재상, 휴게소에서만 살 수 있었고, 사람들 눈에도 일상적인 간식이라기보다 조금은 촌스럽고 낡은 전통 간식으로만 보였다. 백화점 식품관이나 트렌디한 디저트 카페에서 엿을 파는 곳은 한 곳도 없었다. 심지어 젊은 층이 많이 찾는 편의점 진열대에서도 엿은 찾기 어려웠다.

하지만 바로 여기서 기회가 보였다. 아직 누구도 현대화하지 않았고, 누군가가 새롭게 해석할 수 있는 여지가 남아 있다는 뜻이었으니까 말이다. 이 시점에서 중요한 건 판매량이 아니라 고객의 기대와 실제 제품 사이의 간극이다. 사람들이 무엇을 궁금해하는지, 무엇을 걱정하는지, 기존 제품이 채우지 못하는 빈틈이 무엇인지를 찾는 게 시장을 이해하는 빠른 길이다.

또 하나 중요한 건 시장을 보는 시야였다. 처음엔 엿 시장만 따로 떼어 보지 않았다. 대신 휴게소와 전통시장을 포함해 케이크·초콜릿·쿠키까지 아울러 '달콤한 간식'을 전체적으로 비교했다. 이렇게 넓게 본 뒤 다시 시장을 잘게 쪼개 들어가니, 놓치지 않고 살펴볼 수 있었다. 그 과정에서 발견한 건, 엿이 다른 디저트와 달리 기존 브랜딩이 없어서 새롭게 포지셔닝할 여지가 크다는 점이었다. 이 가능성을 깨닫고 브랜드 전략을 구체화하기 시작했다.

현장 관찰의 핵심은 보고서에 없는 이야기를 찾는 것이다. 그리고 내가 들어갈 작은 틈을 발견하는 것이다. 완벽한 통계가 없어도 괜찮다. 현장 관찰과 기록만으로도 브랜드를 시작할 근거는 충분하다.

방법 2: 사람에게 물어라

시장조사의 다음 단계는 사람에게 묻는 것이다. 보고서나 통계만으로는 절대 알 수 없는 정보가 짧은 대화에서도 쏟아진다. 판매자, 생산자, 잠재고객만 만나도 시장의 속살을 훨씬 선명하게 볼 수 있다. 중요한 건 '어떻게' 묻느냐다. 같은 대상이라도 질문을 바꾸면 답이 완전히 달라진다.

엿츠를 준비하면서 가장 크게 배운 건 질문의 힘이었다. 처음엔 "엿을 왜 사세요?" "어떤 맛을 좋아하세요?" "가격은 적당한가요?"처럼 평범하게 물었더니, 돌아오는 대답이 예측 가능한 범위에서만 맴돌았다. 그런 답으로는 브랜드의 방향을 정할 수 없었다. 그래서 접근을 바꿔봤다.

"언제 엿이 생각나세요?"

"누구에게 주고 싶으세요?"

"먹고 나서 어떤 기분이 드세요?"

질문이 바뀌자 전혀 다른 대답이 쏟아졌다.

"스트레스 받는 날 저녁에요."

"우리 아이가 시험을 잘 봤으면 좋겠어요."

"힘든 하루였는데 위로받는 느낌이에요."

이런 대답을 듣자, 엿이 간식을 넘어 누군가를 응원하고 위로하는 매개체일 수도 있겠다는 생각이 들었다. 엿이 가진 의미가 조금 더 분명해졌다.

비슷한 발견을 한 브랜드가 마켓컬리다. 마켓컬리도 처음엔 "새벽배송이 필요한가요?"라고 물었을 테고, 당연히 "네"라는 답이 돌아왔을 것이다. 그러나 "언제 새벽배송이 필요할까요?"라는 질문에서 고객의 마음이 조금 더 구체적으로 드러났을 것이다. 그들이 원하는 건 편리함뿐 아니라, 아침에 나를 위해 준비된 선물을 문 앞에서 받는 듯한 기분이었을 것이다. 그 감정은 누군가가 나를 챙겨주는 듯한 안도감, 하루를 기분 좋게 여는 작은 행복이었을 수도 있다. 그렇다면 누구에게 어떤 질문을 해야 할까?

판매자에게는 현장감 있는 질문을 던져야 한다. "최근 6개월 동안 제일 많이 팔린 건 뭐였나요? 왜 그랬을까요?"라고 물으면 시즌성과 트렌드를 동시에 읽을 수 있다. "손님들이 구매를 망설이는 이유는 뭔가요?"라는 질문은 구매를 가로막는 장벽이 무엇인지 드러낸다. "이 제품은 어떤 사람들이 주로 사 가요?"라고 물으면 머릿속에서 타깃 고객의 모습이 그려질 것이다.

생산자에게는 좀 더 실무적으로 접근해야 한다. "이 제품을 만들 때 가장 큰 어려움은 뭐였나요?"라고 물으면 제조 과정의 리스크를 미리 알 수 있다. "최소 몇 개부터 만들 수 있나요?"라는 질문은 초기 자금

계획에 반드시 필요한 정보다. MOQ(Minimum Order Quantity, 최소 주문 수량)는 판매 전략과 재고 리스크로 직결되기 때문이다. "요즘 가장 많이 찾는 건 뭐예요?"라는 질문은 생산자가 느끼는 시장 변화를 가장 빠르게 포착하게 한다. 새로운 흐름은 소비자보다 생산자가 먼저 알아차리는 경우가 많다.

고객에게는 또 다른 접근이 효과적이다. 직접적인 제품평보다 감정과 상황을 묻는다. "비슷한 제품 중에서 왜 이걸 고르셨어요?"라는 질문은 선택의 핵심 기준을 드러내고, "마지막으로 고민한 건 뭐였나요?"라는 질문은 구매를 가로막는 불안 요소를 알려준다. 인터뷰를 하다 보면 고객이 불편해하면서도 "원래 그런 거지" 하고 체념하는 지점을 발견할 수 있다. 바로 그 지점이 차별화의 기회다.

엿츠를 준비할 때도 비슷한 순간이 있었다.

"이에 잘 달라붙어서 불편해요."

"불량식품 같아 보여요."

이런 피드백을 듣고 처음엔 '원래 엿이 그렇지' 하고 넘기려 했는데, 같은 말이 반복되자 이것이 구매를 막는 진짜 이유라는 걸 알았다. 그래서 이 문제를 정면으로 해결하기로 했다. 다른 엿보다 풀링(당김) 작업을 훨씬 많이 해서 이에 달라붙는 문제를 줄였다. '불량식품 같다'는 인식을 바꾸기 위해 국내산 원료 100%를 사용했고, 산청한방약초연구소와 협력해 포뮬러 개발을 제안했다. 그 결과는 놀라웠다. 이에 많이 달라붙지 않아 좋고, 건강한 단맛이 느껴진다는 피드백이 주어지기 시작했다. 고객이 어쩔 수 없다며 참고 있던 불편을 해결하자, 그것이 곧 차별화 포인트가 됐다.

결국 핵심은 말이 아니라 감정을 듣는 것이다. 제품에 대한 평가가 아니라 그 제품이 고객의 삶에서 어떤 역할을 하는지 이해하면, 제품의 역할이 선명해지는 순간 브랜드의 방향도 선명해진다.

6. Software – 엿에 대한 소비자 인식

엿이란 무엇인가?
곡식으로 밥을 지어 엿기름으로 삭힌 뒤 겻불로 밥이 물처럼 되도록 끓이고, 그것을 자루에 넣어 짜낸 다음 진득진득해질 때까지 고아 만든 달고 끈적끈적한 전통 음식

단것	끈적인다	노점음식	합격기원 선물
단것은 몸에 좋지 않다 다이어트 금지 음식	이에 달라 붙는다. 교정 시 금지 음식	위생적이지 않다. 불량식품	진부하다, 세련되지 않다

인식변화 ⬇

| 에너지 적당히 달다 | 붙지 않는다 부드럽다 | 건강하다 힐링 푸드 | 감각있는 의미있는 선물 |

소비자 엿 인식 조사: 이에 달라붙고 불량식품이라는 인식 강함

방법 3: 틈새를 찾아라

현장을 보고 사람들의 이야기를 들었다면, 이제 가장 중요한 단계가 남았다. 내가 들어갈 자리를 찾는 것이다. 시장에서 관찰할 때 가장 흥미로운 순간은 경쟁사들이 모두 똑같아 보일 때다. 처음엔 답답하다. '이미 다 있네. 내가 들어갈 자리는 없구나.' 이런 생각이 드는 순간이

야말로 기회의 신호다. 모두가 똑같으면, 그게 오히려 기회 아닐까?

내가 브랜드 준비를 하던 과정도 예외는 아니었다. 온라인에서 엿을 검색해보니 모든 브랜드가 똑같았다. 전통, 장인, 우리 고유의 맛을 내세웠다. 갈색 계열 포장에 한국적인 문양들로 이미지도 비슷했고, 마케팅 메시지도 크게 다르지 않았다.

그런데 한 가지 이상한 점이 있었다. 모두가 "엿 먹어라"라는 말은 피했던 것이다. 당연하다. 누가 욕처럼 들리는 브랜드를 좋아하겠는가? 그런데 우리는 "피하지 말고, 정면으로 활용하면 어떨까?" 하는 생각이 들었다. 금기를 의심하는 순간, 길이 열린다. 모든 업계에는 하면 안 된다고 여겨지는 것이 있다. 하지만 정말 그게 금기여야 할까? 아니면 아무도 시도하지 않았던 것뿐이지 않을까?

무인양품이 좋은 예다. 1980년대 일본에서는 과대포장이 당연했다. 선물 문화가 발달한 만큼 포장이 화려해야 고급스럽다고 여겼다. 하지만 무인양품은 정반대로 포장을 최대한 단순하게 만들었다. 처음엔 이게 팔릴까 의심스러웠다.

그러나 결과는 달랐다. 소비자들은 화려한 포장 때문에 쓰레기가 많이 나오는 걸 불편해하면서도 "원래 그런 거지" 하며 참았던 것이었다. 무인양품의 간소한 포장은 그 불편함을 해결해줬고, 동시에 브랜드의 정체성이 됐다.

엿츠도 마찬가지였다. 욕설처럼 여겨지는 표현을 마케팅에서 철저히 피하는 것이 불문율이었다. 엿에 대한 부정적 인식을 바꾸는 것이 과제였고, 그중에서도 가장 큰 장벽은 바로 이 말이었다. 하지만 조사해보니, 본래 의미는 전혀 달랐다. 그렇다면 틈새는 어떻게 찾을 수 있을까? 방법은 여러 가지가 있다.

첫 번째는 반대 방향으로 가는 것이다. 모두가 저가 경쟁에 뛰어들 때, "우리는 가격을 내리지 않습니다"라고 선언하는 용기다. 반대 방향으로 간다는 건 단순히 역행하는 게 아니라, 주류가 놓친 니즈를 발견하는 일이다. 많은 사람이 가성비를 찾지만, '가심비'를 중시하는 고객도 있다.

두 번째는 교집합을 노리는 것이다. 그러니까 서로 다른 니즈가 겹치는 지점을 찾는다. '편의성'과 '환경보호'라는 교집합에서 친환경 생활용품이 나왔고, '펫케어'와 '인테리어'라는 교집합에서 예쁜 반려동물용품이 나왔다. 여러 니즈를 동시에 해결할 방법을 찾는 순간, 경쟁자 없는 새로운 영역이 열린다.

세 번째는 세분화를 극대화하는 것이다. 시장을 줄이는 일이 아니라, 오히려 내가 승부할 만한 크기로 설정하는 일이다. '건강 간식 시장' 대신 '야근하는 직장인을 위한 오후 3시 에너지 간식'이라는 식이다. 같은 바다에서 모두와 경쟁하기보다는, 내가 주인공이 될 수 있는 연못을 찾는다. 사람이 몰린 대로변이 아니라, 나만의 단골이 줄 서는 골목 카페와 마찬가지다.

중요한 건 금기를 의심하는 질문에서 새로운 길이 열린다는 것이다. "왜 모든 사람이 이걸 피할까? 이걸 오히려 장점으로 만들 방법은 없을까?" 하지만 무작정 반대로 가는 게 아니라 그 반대편에도 고객이 있는지 보는 것이다. 그리고 그 고객이 느끼는 억눌린 욕구, 이런 브랜드를 기다렸다고 느끼는 순간을 잡는 것이다.

결국, 작은 브랜드의 힘은 이런 것이다. 화려한 자본이나 거대한 마케팅팀은 없지만, 대신 이런 시선과 속도 그리고 유연함이 있다. 그것이 가장 강력한 차별화 무기다. 모든 사람이 똑같은 방향을 볼 때, 반대편을 보는 용기, 모두가 문제라고 말할 때 "정말 그럴까?" 하고 한 번 더 묻는 시선이다.

방법 4 : 작게 실험하라

시장조사는 현장에서 완성된다. 앞선 세 단계를 거쳐 현장을 보고 사람들의 이야기를 듣고 틈새를 찾았다면, 이제 가장 중요한 마지막 단계가 남았다. 바로 작은 실험이다. 가설은 시장에서 확인되지 않으면 추측에 불과하다.

처음부터 완벽을 추구할 필요는 없다. 나 역시 엿츠를 기획할 때 누구나 하는 실수를 저질렀다. 모든 맛을 다 갖추고, 모든 포장재를 완벽하게 하고, 모든 사람이 만족할 만한 제품을 만들려고 했던 것이다. 지금 생각해보면 참 어리석었다. 처음부터 완벽할 필요는 없는데 말이다. 작은 브랜드에 완벽주의는 독이 된다. 왜 완벽주의가 위험할까?

먼저, 시간이 너무 오래 걸린다. 준비에 매달리다 보면 출시가 끝없이 늦춰진다. 패키지 디자인이 마음에 안 들거나, 다른 맛을 추가한다거나, 포장재를 바꾸다 보면 몇 달이 훌쩍 지나간다. 그사이 시장 상황은 변하고, 처음에 가졌던 확신은 흐려진다. 경쟁사가 먼저 비슷한 콘셉트로 출시하기도 하고, 시장의 관심이 전혀 다른 곳으로 향할 수도 있다.

더 큰 문제는 고객 없이 혼자 상상으로만 만든다는 것이다. 아무리 완벽해도 시장은 다른 답을 내놓는다. 내가 예쁘다고 만든 패키지를 고객들은 너무 유치해 보인다고 여길 수 있다. 내가 편할 거라 생각한 기능을 고객들은 오히려 불편하게 여길 수도 있다. 머릿속 설계가 아무리 완벽해도, 실제 고객의 손에 닿지 않으면 그저 추측일 뿐이다.

가장 무서운 건 실패했을 때 타격이 크다. 모든 걸 걸고 만든 제품이 외면받으면 다시 일어서기 어렵다. 6개월 동안 공들여 만든 제품이 한 달 만에 판매가 중단된다면? 그 충격과 재정적 손실을 감당하기 힘들다. 대기업은 실패해도 다시 시도할 여력이 있지만, 작은 브랜드는 기회가 많지 않다. 그래서 더욱 신중해야 하는데, 역설적으로 그 신중함이 완벽주의로 이어져 오히려 위험을 키운다.

그렇다면 어디서부터 시작해야 할까? 답은 단순하다. 핵심만 담은 최소한의 제품, 즉 MVP(Minimum Viable Product, 최소 기능 제품)로 시작하는 거다. 엿츠로 치면 한두 가지 맛, 가장 기본적인 패키지, 핵심 메시지 하나만 담아서 만들었다. 중요한 건 완성도가 아니라, 고객이 정말 이 콘셉트에 반응하는지를 확인하는 일이다. 디테일은 나중에 얼마든지 고칠 수 있다.

이런 방식으로 성공한 브랜드들을 보면 어떤 수제 잼 브랜드는 집에서 만든 잼을 지인 몇에게만 나눠주며 첫발을 뗐다. 어떤 베이커리는 주말마다 아파트 단지 앞에 작은 테이블을 놓고 빵 몇 개를 팔았다. 화려한 시작은 아니었지만, 그 작은 실험에서 확인한 반응이 레시피를 바꾸고, 포장을 바꾸고, 결국 자신들만의 브랜드를 키워가는 힘이 됐다. 처음부터 매장을 열거나 대량 생산을 한 게 아니었다. 작은 실험이 확신으로 이어진 것이다.

여기서 조심해야 할 함정이 하나 있다. 진짜 수요와 가짜 수요를 확인해야 한다는 것이다. 말로는 좋다거나 사고 싶다고 해도, 실제로 지갑을 열지 않는 경우가 많다.

한 액세서리 브랜드 창업자에게서 들은 것인데, 시제품을 만들기 전에 SNS에 디자인 시안만 올리고 "이런 제품 나오면 사실 분 있나요? 댓글로 알려주세요!" 했더니 반응이 폭발적이었다고 했다. "예뻐요!" "언제 나와요?" "꼭 사고 싶어요!"라는 댓글이 수백 개씩 달렸다. 그 순간 그는 확신했다. '이거다! 대박 날 것 같은데?'

하지만 그는 한 단계 더 밟았다. 관심을 보인 사람들에게 일일이 DM을 보낸 것이다. "정말 관심 있으시면 사전 예약을 받고 있어요. 예약금 1만 원만 입금해주시면 출시할 때 우선적으로 연락드릴게요." 그 결과는 충격적이었다. 수백 개의 댓글 중 실제로 예약금을 보낸 사람은 10명도 채 되지 않았다. 말로 하는 관심과 실제 구매 의사 사이에는 큰 간극이 있다는 걸 그 순간 깨달았다. 실망스럽기도 했지만, 한편으론 다행이었다. 무작정 대량 생산을 했다면, 쌓인 재고 앞에서 더 크게 후회했을 테니 말이다.

그래서 그는 전략을 바꿨다. 실제로 돈을 낸 10명의 고객을 하나하나 깊이 들여다봤다. 왜 이 사람들은 끝까지 지갑을 열었을까? 대화를 나누다 보니 공통점이 보였다. 모두가 특별한 날에 하고 싶은 액세서리를 찾고 있었다. 평소에 쓰는 게 아니라, 기념일이나 중요한 만남을 위해 아껴뒀다 착용하는 용도였다. 지금 그의 브랜드는 그 지점을 붙잡아 '특별한 순간을 위한 액세서리'로 자리 잡았다. 시장은 크지 않았지만, 확실히 필요로 하는 사람들이 있는 틈새였다.

이 교훈은 엿츠에도 그대로 적용됐다. 지금 돌아보면, 본격적으로 생산하기 전에 작은 실험을 더 많이 해볼 수도 있었다. 최소 MOQ로 시작하고 소량 패키지로 테스트하긴 했지만, 그 전에 할 수 있는 방법은 무궁무진했다.

예를 들어, '수능 시즌 응원 엿'이라는 콘셉트만 담은 간단한 랜딩페이지(제품 소개 전용 웹페이지)를 열어 사전 예약을 받아봤다면? 기존 제품을 새 패키지에 담아 콘셉트만 검증해봤다면? 아니면 SNS에 이미지만 올려 반응을 지켜봤어도 좋았을 것이다. 큰 비용이 들지 않으면서도 시장의 진짜 반응을 확인할 수 있는 훌륭한 실험이다.

그런데 테스트 결과를 볼 때는 주의할 점이 있다. 숫자만 보지 않는 것이다. 판매량이나 클릭률 같은 지표도 물론 중요하지만, 더 중요한 건 숫자 뒤의 말, 감정, 오해다. 사람들이 어떤 말을 남기는지, 어떤 감정을 드러내는지, 혹은 어디서 오해하는지 주의 깊게 들어야 한다.

그러나 반응이 좋지 않다고 해서 곧바로 포기할 필요도 없다. 콘셉트 자체가 문제인지, 표현 방식이 문제인지, 아니면 타깃을 잘못 잡은 건지 차근차근 짚어보면 된다. 고쳐서 다시 시도할 수 있다.

무엇보다 완벽한 반응을 기대할 필요는 없다. 모든 사람에게 사랑받는 제품은 없다. 중요한 건 내가 겨냥한 사람들이 얼마나 강하게 반응하는가다. 100명 중 10명이 뜨겁게 반응한다면, 그 10명과 닮은 사람들을 더 찾으면 된다.

  작은 테스트를 할 때 가장 중요한 건 마음가짐이다. 완벽한 확신이 생길 때까지 기다릴 필요는 없다. 오히려 작은 실패가 큰 실패를 막아준다. 초기에 적은 비용으로 넘어지는 게, 나중에 큰돈을 잃는 것보다 낫다. 또 하나는 고객의 목소리다. 내가 아무리 괜찮다고 생각해도, 고객이 원하지 않으면 의미가 없다. 겸손하게 듣고, 빠르게 고치고, 다시 시도하는 것에서 작은 브랜드가 버틸 수 있는 힘이 나온다.

  시장조사의 목적은 완벽한 분석이 아니라 시작할 근거를 모으는 일이다. 발로 뛰고, 묻고, 관찰하고, 작은 실험을 하다 보면 그 근거는 조금씩 쌓인다. 그리고 "이거, 해볼 만한데?"라는 순간이 올 것이다.

작은 브랜드만이 가진
4가지 무기

04

    지금까지 시장조사의 4가지 원칙을 살펴봤다. 그런데 하나 더 짚어 보자면, 작은 브랜드만이 가진 무기가 있다는 점이다. 대기업은 부러울 만큼 많은 자원과 시스템을 갖고 있지만, 우리에겐 그들이 가질 수 없는 강점이 있다. 그 강점을 시장조사에 녹여낸다면, 오히려 더 빠르고 정확하게 시장을 읽을 수 있다.

    작은 브랜드의 가장 큰 무기는 속도와 유연성이다. 대기업이 6개월 걸려 의사결정할 일을 하루 만에 끝낼 수 있다. 시장조사도 마찬가지다. 확인해봐야겠다 싶으면 바로 다음 날 현장에 나갈 수 있다. 엿츠를 준비할 때도 이 속도가 큰 도움이 됐다. "엿 먹어라"라는 표현을 브랜드에 활용해보자는 아이디어가 떠올랐을 때, 바로 다음 주에 시안을 만들어볼 수 있었다. 대기업이었다면 법무팀 검토, 마케팅팀 회의, 임원진 승인까지 거치느라 몇 달은 족히 걸렸을 일이다.

    이런 유연성은 시장조사에서 특히 빛을 발한다. 현장에서 예상하지 못한 발견을 했을 때, 바로 그 자리에서 방향을 틀 수 있기 때문이다. 계획에 없던 질문을 던질 수 있고, 새로운 가설을 즉석에서 테스트해볼 수도 있다. 한 화장품 브랜드 창업자는 편집숍을 돌다가 우연히 들은 고객의 한마디 때문에 전체 콘셉트를 바꿨다. "요즘 마스크 때문에

립스틱 안 발라요"라는 말을 듣고, 바로 다음 날부터 '마스크 시대 메이크업'이라는 새로운 주제로 조사를 시작했다. 만약 대기업이었다면 이미 정해진 조사 계획을 바꾸기까지 얼마나 많은 절차와 시간이 필요했을까?

두 번째 무기는 고객과의 밀착감이다. 대기업은 고객을 데이터로 본다. 나이, 성별, 소득 수준, 구매 패턴으로 분류해서 분석한다. 하지만 우리는 고객을 '사람'으로 본다. 한 명 한 명의 표정과 말투, 고민과 욕구를 직접 확인할 수 있다. 이 밀착감은 시장조사에서 엄청난 장점이다. 설문지로는 절대 알 수 없는 미묘한 감정까지 포착할 수 있기 때문이다. 고객이 "괜찮아요"라고 대답할 때 진짜 만족해서인지, 예의상 하는 말인지 표정을 보고 구분할 수 있다.

엿츠를 준비할 때도 이런 경험이 있었다. 지인들에게 시제품을 나눠주자 대부분은 맛있다고 했다. 그러나 어떤 이는 눈이 반짝였고, 어떤 이는 대답하기 전에 머뭇거렸다. 그 미묘한 차이에서 진짜 피드백을 얻을 수 있었다. 후자의 사람들과 더 깊이 이야기해보니, 한입에 먹기엔 크다는 공통된 의견이 나왔다. 설문조사였다면 "맛있다"는 답만 남았을 것이다. 직접 얼굴을 보니 개선점이 드러났다.

세 번째는 즉각적인 피드백 반영 능력이다. 고객의 피드백을 받으면 바로 다음 달에 개선된 제품을 내놓을 수 있다. 이것도 작은 브랜드만의 특권이다. 대기업은 한 번 출시된 제품을 바꾸려면 복잡한 절차를 거쳐야 한다. 이 즉각적인 반영 능력은 시장조사를 살아 있는 과정으로 바꾼다. 조사→가설→실행→피드백→개선의 사이클을 빠르게 돌릴 수 있기 때문이다. 한 액세서리 브랜드는 첫 제품 출시 후 고객들에게서 보관이 불편하다는 피드백을 받고는 바로 다음 달에 전용 파우치를 추가로 제작해서 함께 판매하기 시작했다. 고객들은 "우리 말을 정말 들어주는 브랜드"라며 더 큰 신뢰를 보냈다.

네 번째는 개인적 스토리의 힘이다. 대기업은 브랜드 스토리를 만들어내야 하지만, 작은 브랜드는 진짜 이야기가 있다. 왜 이 일을 시작했는지, 어떤 문제를 해결하고 싶었는지, 어떤 경험이 브랜드의 출발점이 되었는지 등이다. 이 구체적인 스토리는 시장조사에서도 강력한 도구가 된다. 사람들은 진짜 이야기에 더 솔직하게 반응한다. "제가 이런 경험이 있어서 이 제품을 만들게 됐는데요"라고 시작하면, 상대방도 자신의 경험을 더 편하게 이야기한다.

마지막으로 틈새에 대한 깊은 이해가 있다. 대기업은 모든 사람을 대상으로 한다. 하지만 작은 브랜드는 특정한 누군가를 깊이 이해할 수 있다. 그들의 고민, 욕구, 라이프스타일까지 세밀하게 파악한다. 이런 깊은 이해는 시장조사를 더 정밀하게 만든다. 표면적인 데이터가 아니라, 고객의 진짜 마음속까지 들여다볼 수 있기 때문이다.

향 브랜드 바이레도(BYREDO)는 고객과의 대화를 통해 사람들이 향수를 고를 때 단순히 '좋은 향'을 찾는 게 아니라는 사실을 알았다. 그들이 향수를 사는 진짜 이유는 특정한 순간이나 잊지못할 기억을 다시 느끼고 싶어서였다. 이 발견은 브랜드의 방향을 완전히 바꿔놓았다. 바이레도는 향마다 한 장의 장면처럼 스토리를 입혔고, '기억과 감정을 불러오는 경험'으로 포지셔닝했다.

이런 장점을 시장조사의 무기로 만드려면 어떻게 해야 할까? 첫째, 계획을 너무 단단하게 세우지 마라. 현장에서 발견한 새로운 정보에 따라 언제든 방향을 틀 수 있도록 여유를 둔다. 둘째, 직접 만나는 것을 귀찮아하지 마라. 전화나 온라인 설문으로 대체할 수 있는 일도 가능하면 직접 만나서 한다. 그 미묘한 차이에서 중요한 인사이트가 나온다. 셋째, 자신의 이야기를 부끄러워하지 마라. 왜 이 브랜드를 시작하게 됐는지, 어떤 문제를 해결하고 싶은지 솔직하게 이야기한다. 사람들은 진정성에 반응한다. 넷째, 작은 변화를 두려워하지 마라. 시장조사 중에 더 좋은 아이디어가 떠오르면 과감하게 시도해본다. 그게 작은 브랜드의 특권이다.

결국 시장조사는 돈의 게임이 아니라, 이해의 게임이다. 더 정확하게, 더 빠르게, 더 깊이 읽는 자가 이긴다. 그리고 이 게임에서는 작은 브랜드가 훨씬 유리하다. 우리의 장점을 제대로 활용한다면 말이다.

완벽한 분석보다
중요한 것

05

많은 초보 창업자가 시장조사를 마치면 모든 게 명확해질 거라 기대한다. 마치 안개가 걷히고 환한 길이 보이듯, 어디로 가야 할지 확실해질 거라고 말이다. 하지만 현실은 그렇지 않다. 아무리 꼼꼼하게 조사해도 불확실성은 남는다.

나도 그랬다. 엿츠를 준비할 때, 시장조사를 마치고 나면 "이거다!" 하고 확신이 생길 줄 알았다. 하지만 휴게소를 돌고, 공장을 방문하고, 고객들과 이야기를 나누고도 여전히 의문은 남았다. 정말 사람들이 응원 콘셉트의 엿을 원할까? 수능 시즌에만 의존하는 브랜드로 지속 가능할까? "엿 먹어"라는 표현이 정말 괜찮을까?

완벽한 확신은 끝내 들지 않았다. 시장조사의 목표는 100%의 확신이 아니라 시작할 근거다. 완벽한 예측이 아니라 합리적인 추측을 위한 재료를 수집하고, 그 추측이 맞는지는 실제로 시장에 나가봐야 알 수 있다.

확신을 100% 채우려다가 포기하는 함정을 경계해야 한다. 더 조사해야 한다거나 아직 부족하다거나 좀 더 확실해지기만 바라다 보면 영원히 시작할 수 없다. 시장은 매일 변하고, 완벽한 데이터란 애초에 존재하지 않는다.

그렇다면 언제 시작해야 할까? 정답은 없다. 하지만 경험상 이 정도면 충분하다고 생각하는 지점이 있다.

첫째, 고객이 존재한다는 확신이 생겼을 때다. 몇 명이라도 좋다. 내 제품이나 서비스를 정말 원하는 사람들이 분명히 있다는 걸 확인했다면, 그것만으로도 시작할 이유는 충분하다. 시장 규모가 몇조 원인지는 중요하지 않다. 내 제품을 기다리는 사람이 10명이 있으면, 그건 이미 시장이다.

둘째, 차별화 포인트가 명확해졌을 때다. 경쟁사와 무엇이 다른지, 왜 고객이 나를 선택해야 하는지 한 문장으로 설명할 수 있다면 충분하다. "전통 엿을 현대적으로 만든다"는 식의 막연한 차별화가 아니라, "응원이 필요한 순간을 위한 선물"처럼 구체적인 포지셔닝이 나왔다면 시작할 때다.

셋째, 작은 실험으로 긍정적 반응을 확인했을 때다. 지인이라도 좋다. 콘셉트를 설명했을 때 눈이 반짝이는 사람들이 있었다면, 그게 신호다. "아, 이런 거 있으면 좋겠다"라는 말을 들었다면, 더 이상 조사할 필요 없이 시작해도 된다.

엿츠도 마찬가지였다. 모든 것이 명확해진 건 아니었다. 여전히 불안했고 의문이 많았다. 하지만 3가지는 확실했다. 응원이 필요한 사람들이 분명히 있고, 기존 엿 브랜드와는 다른 감성적 접근이 가능하며, 주변 사람들이 괜찮다고 반응했다. 그 정도면 충분했다. 나머지는 실행하면서 배우기로 했다.

시장조사 후에 해야 할 중요한 일이 하나 더 있다. 바로 가설 정리다.

지금까지 모은 정보를 바탕으로 내가 믿는 가설들을 명확히 적어보는 것이다. 이를테면 수능 시즌에 엿 수요가 증가한다, 사람들은 응원의 마음을 전할 매개체를 찾고 있다, 엿에 대한 부정적 인식을 개선할 수 있다는 식이다. 이 가설들은 앞으로 검증해야 할 숙제다. 맞는 가설도 있을 것이고, 틀린 가설도 있을 것이다. 하지만 적어도 내가 어떤 믿음을 바탕으로 시작하는지는 분명해진다.

가장 중요한 건 실패에 대한 각오다. 시장조사를 아무리 잘해도 예상과 다른 결과가 나올 수 있다. 고객들이 내가 생각한 것과 다르게 반응하거나, 시장 상황이 갑자기 바뀔 수 있다. 그럴 때 시장조사를 잘못 했는지 굳이 자책할 필요는 없다. 자연스러운 일이다.

중요한 건 틀렸다는 걸 빠르게 인정하고 수정하는 것이다. 시장이 내 예상과 다르다면, 내가 시장에 맞춰야 한다. 고집부리지 말고 유연하게 대응하는 것이 작은 브랜드의 장점이다.

돌이켜 보면, 엿츠도 처음 계획과는 많이 달라졌다. 원래는 수능 시즌에만 집중하려고 했지만, 지금은 다양한 상황의 응원 메시지로 확장했다. 전통적인 엿만 생각하던 것이 지금은 현대적인 맛과 형태도 개발하고 있다. 시장조사로 세운 가설의 일부는 맞았고, 일부는 틀렸다. 하지만 그 모든 과정이 브랜드를 더 단단하게 만들었다.

시장조사는 출발점이지 도착점이 아니다. 완벽한 지도를 그리는 게 목적이 아니라, 첫걸음을 내디딜 용기를 얻는 게 목적이다. 그 순간, 진짜 시장조사가 시작된다. 고객의 실제 반응, 예상하지 못한 피드백, 현실의 벽과 기회가 통계보다 훨씬 값진 정보를 준다.

발로 뛰고, 묻고, 관찰하고, 작은 실험을 하다 보면 그 근거는 조금씩 쌓인다. 그리고 더 이상 망설일 이유가 없다는 걸 깨닫는다. 그때가 바로 시작할 때다. 100%가 아니어도 된다. 70%면 충분하다. 나머지 30%는 실행하면서 채워나가면 된다. 세상 모든 성공은 완벽한 준비에서 나온 게 아니라, 적당한 준비와 용기 있는 실행에서 나온다.

시장조사의 진짜 목적은 내일 아침에 일어나서 오늘 뭘 해야 할지 깨닫고 그 일을 하고 싶다는 마음이 생기는 것이다. 그거면 충분하다. 나머지는 시장이 가르쳐줄 것이다.

Chapter 3.

본좌는 매력만점 꽃미남 신선 기(氣)라 하오. 스트레스에 찌든 현대인들을 위해 건강한 엿을 만들어 기 좀 채워주려 하는데 어디 이 엿 한번 드셔보시겠소?

브랜드 정체성 구축:

브랜드 에센스,
왜 다들 중요하다고 할까?

나만의 브랜드 DNA 찾기

브랜드 에센스,
정말 꼭 필요한가?

01

처음 브랜드를 시작할 때는 좋은 아이디어 하나면 충분할 줄 알았다. 독특한 콘셉트와 멋진 네이밍, 실행력만 있으면 성공할 거라 믿었다. 솔직히 나도 그랬다. 그런데 막상 시작해보니 현실은 훨씬 복잡했다. 제품을 만들기 전에는 "이게 팔릴까?"라는 질문만 머릿속을 맴돌고, 제품이 나오고 나면 "이제부터 어떻게 팔지?"라는 새로운 고민이 기다리고 있었다. 협력 업체를 고를 때도, 가격을 정할 때도 고민됐다. 심지어 옛 브랜드라면 사람들은 시장에서 공연하는 각설이를 떠올렸다. 그럴 때마다 이런 생각이 스쳤다. "이 아이템이 정말 괜찮은 걸까? 내가 잘하고 있는 게 맞나? 혹시 멋모르고 시작한 건 아닐까?"

브랜드를 만든다는 건 이런 흔들림과 계속 마주하는 일이다. 애정을 쏟을수록, 잘하고 싶을수록 더 흔들린다. 나도 옛츠를 하면서 수없이 흔들렸다. 패키지 디자인을 고를 때마다 의문스러웠고, 원료를 선정할 때도 기준이 애매했다. 이 채널이 우리에게 맞을까? 어떤 사람이 우리 팀에 맞을까? 이 문구가 우리가 전하고 싶은 메시지일까?

그런데 매번 같은 질문을 던지면서도 답은 찾지 못했다. 이게 우리 브랜드다운지 스스로에게 물어봤지만, 정작 우리다운 것이 뭔지는 명확하지 않았기 때문이다.

그러던 어느 날, 선배 창업자가 이렇게 말했다. "흔들리는 건 당연해. 브랜드 만드는 일이란 원래 그런 거야. 중요한 건 흔들리지 않는 게 아니라, 흔들릴 때마다 중심을 찾는 거지." 그 말이 마음에 와닿았다. 어렴풋하게만 느껴졌던 붙잡고 싶었던 무언가가 바로 '중심'이었다. 그런데 브랜드의 중심이란 도대체 뭘까? 만약 중심축이 없다면, 매번 상황에 따라 판단이 흔들릴 수밖에 없다. 어떤 날은 가격을, 또 어떤 날은 유행을 따라간다. 그러면 고객은 이 브랜드는 뭘 말하려는 건지 의문만 생긴다. 그래서 흔들릴 때마다 돌아올 중심축이 필요하다.

중심을 찾을 때 가장 많이 쓰는 단어가 브랜드 아이덴티티(Brand Identity)다. 쉽게 말해 브랜드의 정체성, 즉 누구인지를 한 덩어리로 표현한 개념이다. 비슷한 말로 브랜드 에센스(Brand Essence)가 있지만, 둘은 다르다. 아이덴티티가 브랜드의 전체 모습이라면, 에센스는 그중에서도 마음과 기운을 담은 핵심이다.

브랜드 아이덴티티에는 여러 요소가 있다. 세상을 바라보는 관점과 태도를 담은 철학, 우리가 왜 존재하는지를 설명하는 미션, 앞으로 어디로 향하는지를 보여주는 비전, 그리고 무엇을 가장 중요하게 여기는지를 드러내는 핵심 가치 등이다. 여기에 브랜드가 가진 고유한 기질, 즉 DNA나 성격, 그것을 어떻게 표현할지를 정하는 콘셉트까지 합쳐지면 브랜드의 전체적인 얼굴이 된다. 그런데 얼굴만으로는 부족하다. 브랜드가 어떤 상황에서도 일관되게 행동할 수 있으려면, 그 안에서 방향을 잡아주는 중심이 필요하다. 바로 그 감정적 기준이 브랜드 에센스다.

브랜드 에센스는 한마디로 브랜드의 영혼이다. 브랜드가 존재하는 이유와 태도, 그리고 행동으로 옮기는 기준을 압축한 감정의 핵심. 미션이나 비전이 논리적 설명이라면, 에센스는 소비자가 먼저 느끼는 감정의 중심이다. 결국 이 감정이 모든 선택의 출발점이 된다. 그런데 재미있는 건, 브랜드를 만드는 사람과 브랜드를 만나는 사람이 보는 깊이가 다르다는 점이다. 실무진에게는 브랜드 아이덴티티 전체가 중요하다. 철학, 미션, 비전, DNA, 콘셉트 등 모든 게 실제 업무에서 판단 기준이 되기 때문이다. 제품을 기획할 때도, 마케팅을 할 때도, 심지어 직원을 뽑을 때도 이런 세부 요소를 하나씩 점검해야 한다. 우리 미션에 맞을까? 브랜드 DNA와 일치하는가? 콘셉트에서 벗어나지는 않는가? 이런 질문들이 매일의 선택을 이끈다.

하지만 고객은 그 복잡한 체계를 알 필요도 없고, 알고 싶어 하지도 않는다. 고객이 브랜드를 만났을 때 느끼는 건 브랜드의 느낌이 전부다. 고객에게는 브랜드 정체성이 곧 브랜드 에센스다. 고객에게는 복잡한 정체성이 아니라 한 줄의 감정만 남는다. 스타벅스에 들어서면 커피 맛을 보기 전에 이미 여유로운 오후가 느껴진다. 무인양품 매장을 걸으면 제품을 만지기도 전에 정리된 삶의 감정이 먼저 다가온다. 애플 제품을 보면 제품 사양을 확인하기 전 심플한 혁신이라는 느낌부터 받는다. 이것이 바로 브랜드 정체성이다.

이런 감정은 설명하지 않아도 알 수 있다. 마주치는 순간 브랜드 에센스가 작동한다. 아무리 완벽한 브랜드 아이덴티티가 잡혀 있어도, 그것이 에센스 한 줄로 압축되어 고객에게 전달되지 못하면 의미가 없다. 고객이 실제로 경험하는 건 에센스이며, 첫 만남에서 브랜드 전체를 판단하는 기준도 한 줄의 감정이다. 좋은 브랜드는 복잡한 설명 없이도 뭔가 다르다는 느낌을 준다. 그 차이를 결정하는 것이 바로 브랜드 에센스다.

엿츠 로고와 에센스

엿츠를 준비할 때도 비슷한 경험이 있었다. 어느 날, 한 클라이언트가 조용히 물었다.

"근데 왜 하세요, 이 브랜드?"

숨이 턱 막혔다. 무엇을 팔고, 어떻게 만들지는 말할 수 있었지만 왜 시작했는지는 설명하지 못했다. 그 순간, 내가 얼마나 준비가 안 되어 있는지 알았다. 사실 답은 내 안에 있었다. 하지만 그 답을 한 문장으로 꺼내지 못했다. 그때부터 브랜드 에센스를 더 선명하게 다듬기 시작했다. 모든 혼란의 중심에는 결국 "고객에게 어떤 기분을 주고 싶은가?"는 질문이 있다. 그 답은 단순했다. 긍정 에너지, 즉 기분 좋은 응원이었다. 우리가 전하고 싶어 하는 긍정 에너지가 고객에게 닿으면, 그들은 기분 좋은 응원을 느꼈다.

이 한 문장이 엿츠의 모든 선택을 이끄는 기준이 됐다. 제품 개발도, 패키지 디자인도, 고객 응대도, 심지어 채용까지 긍정 에너지를 전하는지로 결정했다. 브랜드 에센스는 거창한 말이 아니다. 처음부터 완벽하게 정리된 상태로 나오는 것도 아니다. 제품을 만들고, 고객을 만나고, 수많은 선택을 거치는 과정에서 점점 또렷해진다. 그렇게 구체화된 에센스에서 미션·비전·브랜드 DNA·핵심 가치·콘셉트 같은 요소가 자연스럽게 정리된다. 전부 외울 필요는 없다. 브랜드 에센스는 이유와 태도, 행동으로 옮기는 힘이라는 것만 기억하면 된다.

개념을 세세히 나누는 것보다 중요한 건 중심을 잃지 않는 일이다. 브랜드 아이덴티티든 에센스든, 결국 본질은 흔들릴 때마다 돌아올 수 있는 중심축이다. 이 책에서는 그 중심을 브랜드 에센스라 부른다. 중요한 건 용어가 아니라, 브랜드만의 한 줄을 찾는 일이다.

작은 브랜드일수록
브랜드 에센스가 중요한 이유

02

작은 브랜드는 늘 흔들리기 쉽다. 바람이 불면 쉽게 넘어지고, 작은 결정 하나가 성패를 가른다. 그래서 심장 같은 무언가가 필요하다. 그게 바로 브랜드 에센스다. 옛츠의 에센스는 긍정 에너지(기분 좋은 응원)였다. 이 한 줄이 있었기에, 고객은 기분 좋은 응원을 느끼고 우리는 기준을 잡을 수 있었다. 작은 브랜드일수록 이 심장이 명확해야 한다. 단 한 번의 만남, 단 한 번의 선택에서 브랜드의 성패가 갈리기 때문이다. 왜 작은 브랜드일수록 브랜드 에센스가 더 절실할까?

자원의 한계: 에센스가 집중의 기준을 세워준다

작은 브랜드는 돈, 인력, 시간, 어느 것 하나 넉넉하지 않다. 그래서 매일 "어디에 힘을 써야 할까?"라는 질문을 반복한다. 모든 걸 잘할 수 없으니, 선택과 집중이 필수다.

옛츠를 시작했을 때도 그랬다. 패키지 디자인, 제품 개발, 마케팅, 유통 등 하고 싶은 건 많았지만, 현실은 한정된 예산과 적은 팀원뿐이었다. 그래서 매번 선택해야 했다. 유통을 먼저 넓힐까, 제품 라인을 확장할까? 이 채널에 집중할까, 저 채널에 집중할까?

그 결정의 순간마다 브랜드 에센스가 기준이 됐다. "이게 우리다운가?"라는 단 하나의 기준이 없었다면, 예산을 잘못 쓰거나 의미 없는 일을 붙잡고 시간을 흘려보냈을 것이다. 에센스는 작은 브랜드가 자원 낭비 없이 앞으로 나아가게 하는 필터다.

첫인상: 작은 브랜드는 한 번으로 각인된다

대기업은 자본과 채널을 기반으로 광고를 끊임없이 반복할 수 있다. 하지만 작은 브랜드는 고객을 만날 기회가 많지 않다. 그래서 첫 만남이 더욱 중요하다. 특히 고객이 우리 브랜드를 처음 만났을 때 느낀 브랜드만의 기분이 전부다. 좋은 원료나 예쁜 디자인은 금방 잊힌다. 하지만 브랜드 에센스에서 나오는 태도와 분위기는 오래 남는다.

엿츠가 남긴 첫인상은 맛이 아니라 분위기였다. "찬바람이 엿 먹을 때"라는 네이밍에서 전해지는 유머, 위트, 묘하게 느껴지는 응원의 마음까지, 제품을 먹기 전부터 브랜드의 태도가 각인됐다. 그 순간 고객은 단순한 간식이 아니라, '나를 웃게 한 브랜드'로 기억한다. 작은 브랜드는 이 한 번의 찬스를 에센스로 채워야 한다.

차별화: 기능이 아니라 이유로 승부한다

시장에는 비슷한 제품이 넘쳐난다. 마트 진열대, 온라인 쇼핑몰, 심지어 SNS 광고까지 온통 비슷한 메시지와 이미지라, 가격이나 기능만으로는 기억되지 않는다. 대기업은 자원과 물량으로 압도하지만, 작은 브랜드는 그렇지 않다. 그렇다면 무엇으로 차별화할 것인가? 바로 브랜드만의 이유다. 그리고 그 이유를 가장 간결하게 보여주는 것이 브랜드 에센스다. 엿 시장을 봤을 때, 대부분은 전통, 장인정신을 내세웠다. 좋은 가치이긴 하지만, 너무 익숙했다. 그래서 우리는 긍정 에너지라는 감정적인 차별화를 선택했다. 고객은 기능보다 기분을 기억한다. 이 감정의 결이 곧 차이를 만들고, 고객의 선택을 바꾼다.

신뢰: 일관성이 예측 가능성을 만든다

대기업은 브랜드 파워로 신뢰를 얻는다. 하지만 작은 브랜드는 처음부터 고객의 의구심을 해결해야 한다. 고객들은 생각보다 많은 걸 걱정한다. 품질이나 A/S, 지속성에 대한 불안을 어떻게 해소할 것인가?

작은 브랜드에는 명확한 브랜드 에센스가 해답이 될 수 있다. 어떤 태도로 존재하는 브랜드인지 드러내는 것이다. 일관된 에센스는 예측 가능한 브랜드를 만든다. 브랜드가 어떻게 행동할지 고객이 예상할 수 있으면 안심하고 선택할 수 있다.

엿츠도 그랬다. 에센스가 명확하니까 고객들이 우리의 다음 행동을 어느 정도 예측할 수 있었다. "이 브랜드는 항상 긍정적이고 따뜻할 거야"라는 예측 가능성이 신뢰로 이어졌다.

나침반: 순간의 유혹을 막아주는 힘

작은 브랜드는 하루가 다르게 상황이 변한다. 새로운 제안, 트렌드 변화, 원가 압박이 매일 찾아온다. 이럴 때 가장 위험한 건 '한 번만'이라는 유혹이다. 한 번만 가격을 낮추자, 한 번만 원료를 바꾸자. 하지만 그 한 번이 쌓이면 브랜드는 금방 방향을 잃는다.

한 대형 유통업체가 엿츠의 전 라인 입점을 제안했다. 가격을 인하하고 원료 일부를 수입산으로 교체하는 조건이었다. 전국 유통망, 대량 주문, 인지도 상승은 솔깃했지만, 우리는 거절했다. 결정적인 이유는 단 하나였다. 우리가 생각하는 '기분 좋은 응원'이 될 것 같지 않아서다. 에센스는 이런 순간, 방향을 잃지 않게 하는 나침반이다. 잠깐의 기회보다 브랜드의 일관성을 지키는 결정을 하게 만든다.

작은 브랜드의 경쟁력은 속도나 가격이 아니라 느낌과 이유다. 왜 존재하는지 이유가 명확해야 하고, 그 이유를 고객이 먼저 느끼게 만드는 힘이 바로 브랜드 에센스다.

프릳츠 커피의 "좋은 커피는 좋은 사람이 만든다", 29CM의 "취향을 소개합니다", 토스의 '간편함'처럼 명확한 브랜드 에센스는 작은 브랜드의 무기를 날카롭게 만든다. 토스의 경우 '간편함'은 공식 슬로건이 아니라 초기부터 시장에 각인된 핵심 가치였지만, 이 한 줄이 기존 금융의 불편함을 뒤집는 무기가 됐다.

에센스가 있으면 대기업과도 다른 방식으로 싸울 수 있다. 스타벅스, 애플, 나이키도 모두 작은 출발선에서 시작했다. 그들을 키운 건 규모가 아니라, 초창기부터 지켜온 흔들리지 않는 브랜드 에센스였다. 엿츠도 마찬가지였다. 우리는 작았지만, 한 줄의 에센스로 대형 유통업체의 달콤한 제안을 뿌리쳤고, 고객의 마음을 얻었으며, 팀의 자부심을 지켰다. 중요한 건 크기가 아니다. 진심이다. 그리고 그 진심이 바로 브랜드 에센스다.

엿츠, 브랜드 에센스를 어떻게 찾았을까?

03

　브랜드 에센스라는 말은 이해했지만, 정작 내 브랜드를 한 줄로 설명하려고 하면 말문이 막힌다. 이런 느낌이라는 답이 선뜻 나오지 않는다. 그런 막막함은 어찌 보면 당연하다. 그 막막함이 브랜드 에센스로 가는 첫 단서일지도 모른다.

　에센스를 찾는 과정은 보물찾기와 닮았다. 처음엔 어디에 있는지도 모르고, 찾은 것이 과연 보물인지조차 확신이 서지 않는다. 하지만 단서를 하나씩 모으고 파헤치고 이어 붙이다 보면 어느 순간 "아, 이거구나!" 하는 깨달음이 온다. 복잡해 보이지만 사실 단순하다. 결국 왜 이 일을 하는지, 고객에게 어떤 기분을 주고 싶은지에 대한 답을 찾는 과정이다. 엿츠의 브랜드 에센스도 그렇게 발견되는 과정을 거쳐야 했다.

　엿츠를 시작할 때 우리 손에 있던 건 단 하나, "엿이라는 아이템, 괜찮을 것 같다"라는 어렴풋한 확신뿐이었다. 하지만 막상 브랜드로 풀어내려니 모든 게 안개 속을 헤매는 것 같았다. 첫 팀 회의에서 나온 결론은 단순했다. "전통 엿을 현대적으로 재해석하자." 말은 그럴듯했지만, 정작 '어떻게'라는 질문 앞에서는 모두 침묵했다. 현대적이라는 건 정확히 무엇일까? 전통의 어느 부분을 살려야 할까? 고객은 무엇을 원할까? 질문만 쌓여갔고, 답은 끝내 드러나지 않았다. 그제야 엿에 대해 아는 게 거의 없다는 사실을 깨달았다.

회의실에서는 답을 찾을 수 없었다. 그래서 밖으로 나갔다. 앞에서 이야기했듯, 작은 브랜드의 시장조사는 거창한 보고서가 아니라 나와 고객을 연결하는 첫 대화다. 숫자로는 잡히지 않는 시장이었기에 직접 뛰어야 했다. 역사서와 옛 광고, 속담, 논문 자료까지 닥치는 대로 모으고, 휴게소와 전통시장을 돌며 엿을 파는 사람들의 이야기를 들었다. 그렇게 손끝과 발끝으로 모은 기록과 목소리가 하나둘 쌓였다. 만약 모니터 속 자료에만 의존했다면, 여전히 "전통 엿을 현대적으로"라는 막연한 문장 속에서만 맴돌고 있었을 것이다.

엿에 대해 깊이 파고들며 손에 잡히는 자료는 모조리 읽어 내려갔다. 그렇게 맞춰진 조각들은 어느 순간 하나의 그림으로 이어졌다. 엿은 단순한 단맛이 아니었다. 힘을 주고, 마음을 북돋우며, 좋은 일이 일어나기를 바라는 매개체였다. 그 모든 의미를 한 단어로 압축하니 '에너지'였다. 몸을 움직이는 힘만이 아니라, 마음을 움직이는 힘, 곧 '긍정 에너지'였다. 엿이 단순한 간식이 아니라 마음까지 움직이는 매개체라는 사실, 그 본질을 '긍정 에너지'라는 한 단어로 붙잡아내자 깊은 확신이 들었다.

하지만 깨달음만으로 세상이 달라지진 않았다. 현실은 훨씬 냉정했다. 시장조사를 해보니 엿은 이미 자취를 감췄다. 젊은 세대에게 엿은 낯선 간식이었고, "엿 먹어라"라는 말은 따뜻한 덕담이 아니라 날선 욕설로 쓰이고 있었다. 휴게소와 전통시장에서 본 엿은 포장이 촌스럽거나, 때로는 불량식품처럼 보였다. 한때 왕세자의 머리를 깨우고 누군가의 합격을 빌던 음식이 이렇게 변해버린 현실이 안타까웠다.

이 벽을 어떻게 넘어설까? 오래 고민했지만, 답은 역설적으로 바로 그 벽 안에 있었다. 모두가 피하는 말을 정면으로 껴안아, 오히려 응원의 언어로 뒤집는 전략을 택했다. 엿의 가치를 새롭게 꺼낸다고 해도, 그걸 누구에게 전할지는 또 다른 문제였다. 가장 먼저 응원을 건네야 할 대상은 누구일까? 그때 두 갈래 길이 보였다.

하나는 엿에 익숙한 40~50대를 대상으로 하는 안전한 길이었다. 이미 엿의 가치를 아는 세대라 설득이 쉽고, 실패 가능성도 적었다. 다른 하나는 엿을 모르는 젊은 세대에게 새롭게 소개하는 길이었다. 쉽지 않은 도전이었지만, 그만큼 의미 있는 선택이었다.

우리는 결국 두 번째 길을 택했다. 엿의 진짜 가치를 다시 꺼내, 새로운 세대에게 전해주기로 한 것이다. 그러려면 먼저 사람들 머릿속에 자리 잡은 부정적인 이미지를 바꿔야 했다. 그중에서도 가장 큰 장벽은 "엿 먹어라"라는 말이었다. 당연한 일이었다. 누가 욕처럼 들리는 브랜드를 좋아하겠는가? 하지만 정말 위험할까? 다른 방식으로 활용할 수는 없을까?

그래서 파고들어보니 놀라운 사실을 발견했다. "엿 먹어라"라는 말은 원래 욕이 아니었다.

시장에서 판매하는 엿

첫 번째로 조선시대 기록을 발견했다. 왕세자들은 새벽 공부 전에 조청 두 숟가락을 먹었고, 과거 공부 하는 집에서는 엿 고는 단내가 난다고 했다. 이렇듯 엿은 뇌를 깨우는 브레인푸드였다.

두 번째는 복엿(福飴)의 의미였다. 본래 엿은 복이 붙길 바라는 음식이었고, 먼 길을 떠나는 이들의 비상식량이기도 했다. 정월대보름에는 복엿을 선물하는 풍습이 있었다.

세 번째는 한의학 기록이었다. 긴장으로 인한 배앓이인 이급(利急)에 엿을 약으로 썼다는 기록도 있었다. 시험을 앞둔 선비들에게 엿은 마음을 안정시키는 처방이었던 셈이다.

그러니까 "엿 먹어라"라는 말은 누군가를 저주하는 말이 아니라 행운이 함께하기를 바라는 따뜻한 언어였다. 우리는 본래의 의미를 되살리기로 했다. 모든 경쟁사가 피하는 이 영역을 오히려 우리의 핵심 메시지로 삼았다. 하지만 여기서 멈출 수는 없었다. 발견은 시작일 뿐, 이제는 그것을 어떻게 사람들에게 전할지가 더 큰 숙제였다. '긍정 에너지'라고 정리해서는 충분하지 않았다. 제품, 네이밍, 경험에 이 에센스를 녹여내야만 했다.

그래서 우리는 약재의 특징을 빌려 상황과 연결해 유쾌하게 비틀었다. 홍화씨는 뼈에 좋다고 하니 '세월이 엿 먹을 때', 뽕잎은 두뇌 활동을 돕는 이미지 덕분에 '시험이 엿 먹을 때'로 이어졌다. 기력을 보충하는 숙지황은 '야근이 엿 먹을 때', 졸음을 깨우는 박하는 '졸음이 엿 먹을 때'가 되었다.

이는 단순한 제품명이 아니었다. 반어법의 위트와 중의적인 의미를 담아, 힘든 상황에 대한 작은 반항인 동시에 응원의 메시지를 전하려 했다. 한마디로 "엿 먹어라"라는 부정적인 말을 유쾌하게 비틀어 웃음과 힘을 주는 언어로 바꾼 것이다.

그 안에는 3가지 의도가 있었다. 첫째, 힘든 순간을 가볍게 이겨내게 하는 유쾌한 반항이었다. 둘째, 그 상황을 극복하는 실용적 해결책을 제시하는 것이었다. 셋째, 건강기능식품이 아니어서 직접 효능을 표기할 수 없는 법적 제약을 피해 가려는 창의적 표현이었다. 무엇보다 이 전략 덕분에, 수능 선물용에 갇혀 있던 엿의 용도가 한철 아이템이 아니라, 1년 내내 다양한 순간에 쓰일 수 있는 브랜드로 확장될 수 있었다.

엿츠 정월대보름 복엿 선물 세트

하지만 위트 있는 네이밍만으로는 부족했다. 정말로 좋은 에너지를 전하려면 제품 자체가 그런 가치를 품고 있어야 했다. 말과 실제가 어긋나면 고객은 금세 알아챈다. 무엇보다 엿이 본래 지니고 있던 귀한 음식의 자리를 되찾아야 했다. 그런데 불량식품처럼 여겨지는 현실에서 긍정 에너지를 말해봤자 설득력이 없었다.

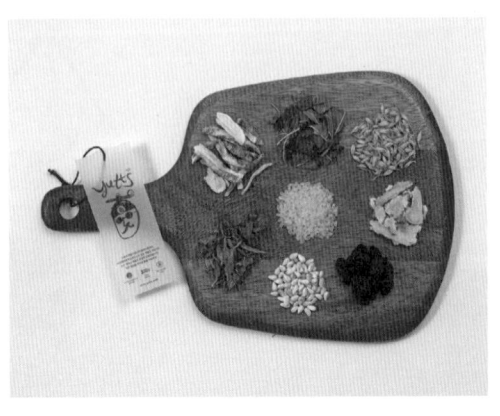

엿츠의 건강한 원료

그래서 제품의 뿌리부터 손봤다. 시중 엿은 대부분 GMO(Genetically Modified Organism, 유전자 변형 농산물) 위험이 있는 수입산 옥분을 쓰지만, 우리는 100% 국내산 쌀을 기본 원료로 삼았다. 원가는 높아졌지만, 진정성을 지키는 게 우선이었다. 긍정 에너지를 온전히 담으려면, 원료부터 마음을 담아야 한다고 생각했다.

다음은 기능이다. 산청한방약초연구소와 협력해 상황별 전통 약재(도라지, 당귀, 뽕잎, 숙지황 등)를 더했다. 엿이 원래 지니고 있던 약선 기능을 현대적으로 재해석하는 동시에, 왕세자의 브레인푸드였던 격을 되살리려는 시도였다. '야근이 엿 먹을 때'는 기력을 북돋우고 '찬바람이 엿 먹을 때'는 목을 편하게 하는 식으로, 이름과 효용이 연결되는 엿을 만들고 싶었다.

모든 고민과 시행착오 끝에 브랜드 에센스가 명확해졌다. 긍정 에너지를 전하고 그 에너지를 받은 고객은 기분 좋은 응원을 느낀다. 긍정 에너지는 우리가 전하고 싶은 가치이고, 기분 좋은 응원은 고객이 받는 감정이다. 이것이 바로 브랜드 에센스였다. 이제 모든 선택에 기준이 생겼다. 새로운 제품을 기획할 때도, 마케팅 메시지를 정할 때도, 심지어 직원을 뽑을 때도 이 한 문장이면 충분했다.

그런데 기준이 생겼다고 해서 저절로 전달되는 건 아니었다. 브랜드 에센스를 고객이 느낄 수 있는 형태로 구체화해야 했다. 긍정 에너지를 어떻게 경험으로 전달할까? 그래서 5가지 콘셉트를 세웠다.

첫째, 예상치 못한 즐거움이다. 엿에 대한 기존 인식을 뒤집어 재미를 느끼게 했다. "엿 먹어라"라는 욕설이 유쾌한 응원 메시지로 바뀌는 순간 즐거워졌다. 또한 한글 캘리그래피와 현대적 디자인으로 전통과 현대를 위트 있게 이으려 했다.

둘째, 한국의 이야기다. 왕의 브레인푸드, 복을 부르는 선물로 사랑받은 엿의 이야기, 초콜릿과 사탕에 밀려 잊힌 전통의 가치를 다시 세상에 알리는 것이었다. 엿을 통해 대한민국을 이야기하고 싶었다.

셋째, 건강한 달콤함이다. 조선 왕들이 학습 전에 먹었던 과학적 근거를 찾았더니, 맥아당은 뇌를 깨우는 자연스러운 에너지원이었다. 엿은 몸과 마음에 도움이 되는 건강한 달콤함이었다.

넷째, 힘이 되는 선물이다. 야근에 지친 직장인, 수능을 앞둔 수험생, 감기를 달고 사는 사람

들 등등, 응원이 필요한 모든 사람들을 위한 것이었다. 긍정의 기운이 가득 담긴 에너지 푸드로 힘찬 응원을 전한다.

다섯째, 한국적 모더니즘이다. 전통의 정체된 느낌을 현대적으로 표현하려 했다. 한국적 정서와 엿츠만의 해학을 담되, 세련되고 현대적인 감각으로 재해석한 것이다.

이렇게 했더니 어떻게 보여줄지가 선명해졌다. 이제 남은 건 어떤 태도와 방식으로 구현할지였다. 브랜드 콘셉트가 어떻게 보여줄지의 문제였다면, 브랜드 DNA는 어떻게 행동할지에 대한 원칙이었다. 긍정 에너지를 전하려면, 우리부터 그 에너지를 품고 있어야 했다. 3가지 원칙을 세웠다. 우선, Positive(긍정)와 관련해서는 '긍정의 생활화, 웃는 엿츠팀'이 되기로 했다. 우리가 먼저 행복하고 즐거워야 그 기운이 제품에도, 고객에게도 전해진다고 믿었다. Fun(재미)은 '반전의 생활화, 설레는 고객'이라는 원칙이었다. "엿 먹어라"를 긍정으로 뒤집었듯, 예상치 못한 즐거움으로 고객을 설레게 하자는 생각이었다. Trust(신뢰)는 '대화의 생활화, 꿈꾸는 파트너'라는 원칙으로 고객과도, 협력업체와도 진심으로 소통하며 함께 꿈을 키워나가려 애썼다.

이렇게 정한 DNA와 콘셉트가 시장에서 통할까? 그 답은 출시하고 확인할 수 있었다.

"'시험을 엿 먹일 때'를 받고 웃음이 나왔어요."

"힘든 친구에게 주고 싶어요."

"이런 마음을 전할 수 있어서 좋아요."

"받는 사람이 기분 좋아할 것 같아요."

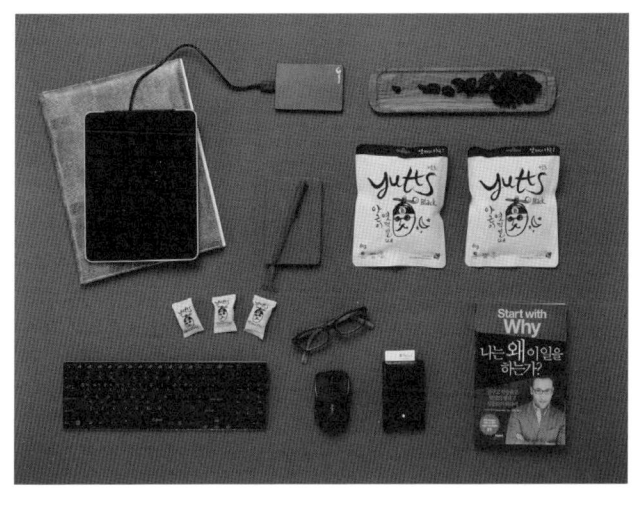

엿츠 야근이 엿 먹일 때

우리가 직접 설명하지 않아도, 고객들이 스스로 기분 좋은 응원을 느끼고 있었다. 특히 첫 출시 제품인 '야근이 엿 먹을 때'에 대한 반응이 예상을 뛰어넘었다.

"처음엔 욕인 줄 알고 깜짝 놀랐는데, 알고 보니 너무 재미있어요."

"이런 위트 있는 표현이 한국적이면서도 현대적이네요."

"야근하는 직장인을 위한 건강한 간식이라니, 정말 필요했어요."

"힘든 동료에게 주고 싶어요."

"엿에 이런 깊은 이야기가 있는 줄 몰랐어요."

5가지 콘셉트가 의도한 대로 고객에게 전해진 셈이다. 결국 브랜드 에센스는 만드는 것이 아니라 발견하는 것이었다. 엿이 지닌 가치를 찾아내고, 우리만의 방법으로 해석하고, 고객이 느낄 수 있도록 만든 확신의 순간이 브랜드를 완전히 바꾸었다.

좋은 브랜드 에센스의 공통점

04

좋은 브랜드 에센스는 시간이 흘러도 빛이 바래지 않는다. 제품이 바뀌고 새로운 라인이 더해져도, 본질적으로 '그 브랜드'임을 느끼게 해준다. 결국 브랜드를 오래 지탱하는 건 화려한 캠페인이나 일시적인 트렌드가 아니라, 그 속에 숨은 에센스의 밀도다. 브랜드 에센스를 정의하는 일은 누구나 할 수 있다. 그러나 '좋은' 에센스를 만드는 것은 별개다. 세월이 지나도 흔들리지 않고 사람들의 마음에 오래 남는 에센스는 몇 가지 공통점을 지닌다.

조건 1: 짧고, 단번에 이해될 것

좋은 브랜드 에센스는 길게 설명하지 않아도 바로 이해된다. 복잡한 해석이 필요한 순간 이미 전달력은 반감된다. 많은 브랜드가 이 부분에서 혼동한다. 예를 들어, "우리는 전통적 가치와 현대적 감성을 조화롭게 융합하여 고객에게 차별화된 경험과 감동을 제공하는 프리미엄 라이프스타일 브랜드입니다"라는 건 미션 스테이트먼트(브랜드 사명)에 가깝다. 미션은 '무엇을, 왜, 어떻게' 하는지 설명하는 문장이고, 에센스는 '그 브랜드가 주는 핵심 감정'을 압축한 한 줄이다. 미션은 구체적으로 제품과 사업 방향을 설명한다(예: "우리는 지역 농산물을 활용해 건강한 먹거리를 만든다"). 에센스는 짧고 감각적이며 캠페인이나 제품이 바뀌어도 변하지 않는다(예: Just Do It, Think Different, 긍정 에너지). 또한 한 번만 들어도 기억에 남고, 누구나 쉽게 설명할 수 있어야 한다.

조건 2: 기능이 아니라, 감정을 품을 것

브랜드 에센스는 장점이나 기능을 나열하는 자리가 아니다. 사람을 움직이는 건 결국 감정이고, 그것이 가장 깊은 뿌리가 된다. "빠르고 정확한 배송"은 효율을 설명하지만 마음을 울리진 않는다. 반면 "일상의 작은 행복"이나 "따뜻한 관심"은 설명 없이도 감각적으로 이해된다. 옛츠의 긍정 에너지는 따뜻함, 유쾌함, 희망, 연결감이 층층이 겹쳐 있다. 그래서 '응원'이라는 한 단어가 기능 이상의 이야기를 품는다.

조건 3: 유행을 넘어서는 본질일 것

트렌드는 반드시 변한다. 좋은 에센스는 그 변화를 지나서도 유효해야 한다. 오늘은 힙하더라도 내일은 촌스러울 수 있는 가치 대신, 사람의 본능적인 욕구에 닿는 본질을 붙든다. 샤넬의 "진정한 아름다움", 애플의 "혁신적 단순함", 스타벅스의 "일상의 보상"처럼 말이다. 옛츠의 긍정 에너지도 마찬가지다. 누군가의 하루에 위로가 필요한 순간은 10년 전에도 있었고, 앞으로도 있을 것이다.

조건 4: 모든 접점에서 구현될 것

에센스는 선언으로 끝나선 안 된다. 제품, 서비스, 마케팅, 고객 응대, 심지어 채용과 조직 문화까지 브랜드와 맞닿는 모든 순간에 스며 있어야 한다. 엿츠의 경우 '긍정 에너지'는 제품 네이밍, 포장 문구, 컬러 팔레트(색상 조합), 소셜미디어 메시지, 고객센터 응대, 심지어 면접 질문까지 관통한다. 그래서 브랜드는 말하는 것만큼, 살아가는 방식에서도 신뢰를 얻는다.

조건 5: 슬로건이 아니라, 중심축일 것

슬로건은 외부를 향한 문장이고, 에센스는 내부를 지탱하는 원칙이다. 슬로건은 캠페인과 시기에 따라 바뀌지만, 에센스는 웬만해선 바뀌지 않는다. 코카콜라의 슬로건은 "Open Happiness"에서 "Taste the Feeling"으로 변했지만, 에센스는 늘 '일상의 즐거운 순간'이었다. 엿츠의 메시지는 상황에 맞춰 "졸음이 엿 먹을 때", "시험을 엿 먹이자"로 변하지만, 중심축은 변하지 않는다. 한 줄의 에센스가 엿츠의 모든 선택을 이끄는 기준이 되었다.

브랜드 에센스를 만들 때 우리는 몇 가지 질문을 던졌다. 초등학생에게도 설명할 수 있는가? 한 문장으로 표현 가능한가? 팀원 전원이 같은 의미로 이해하는가? 듣는 사람의 마음을 움직이는가? 개인적 경험과 연결되는가? 10년 후에도 여전히 유효한가? 우리 자원으로 구현이 가능한가? 경쟁사와 구별되는 특별함이 있는가? 이 질문들에 선뜻 "그렇다"라고 대답할 수 없다면, 그 에센스는 아직 덜 익은 것이다.

그 과정에서 작은 브랜드들이 자주 저지르는 실수들이 있다. 너무 많은 것을 담으려 욕심을 부리거나, 트렌드에 휘둘리거나, 고객의 목소리를 무시하거나, 실행 가능성을 고려하지 않거나, 내부 공유를 소홀히 하는 것이다. 우리도 초기에 '전통 식품의 현대화'부터 '한국적 정서'까지 한꺼번에 넣으려다 메시지가 흐려졌다. '한국 전통 디저트의 글로벌화'라는 꿈도 멋졌지만, 당장 실행할 역량이 없었다. 무엇보다, 우리가 중요하게 여긴 가치가 고객에게는 덜 중요한 경우도 많았다. 결국 브랜드 에센스는 창업자의 의도와 고객의 마음이 만나는 지점에서 완성된다.

좋은 에센스는 하루아침에 만들어지지 않는다. 시간을 두고 고민하고, 시험하고, 다듬어야 한다. 하지만 제대로 만들기만 하면 가장 강력한 자산이 된다. 모든 혼란의 순간에 돌아갈 수 있는 중심이자, 브랜드를 특별하게 만드는 비밀 무기인 셈이다. 엿츠의 긍정 에너지도 그렇게 우리의 중심이 되어, 몇 년이 지난 지금도 변함없이 엿츠가 나아갈 방향을 잡아주는 힘이 되고 있다.

브랜드 에센스 하나가 바꾸는
놀라운 변화들

05

　기준이 생기면 브랜드는 완전히 달라진다. 같은 사람들이, 같은 사무실에서, 같은 일을 하는데도 모든 게 변한다. 제품을 고를 때, 패키지를 만들 때, 설명 문구를 쓸 때, 팀 회의를 할 때도, "이게 우리 브랜드다운가?"라는 한 문장이 방향을 잡아준다. 그 순간부터 선택은 빨라지고, 시행착오는 줄어든다.

　가장 먼저 달라지는 건 의사결정 속도다. 기준이 없을 땐 3시간 넘게 회의를 해도 결론이 나지 않는다. 각자 다른 잣대를 들고 있으니 의견은 끝없이 흩어진다. 논쟁만 길어지고 결론은 미뤄진다. 하지만 브랜드 정체성이 명확하면 디자인이든 마케팅이든 10분 안에 결론이 난다. 논쟁이 아니라 확인 작업이 된다.

　고객의 반응도 달라진다. 정체성이 불분명할 땐 "좋네요", "깔끔하네요" 같은 기능 중심의 피드백이 전부다. 하지만 확실한 정체성이 담긴 제품은 감정을 움직인다. "이런 마음을 전할 수 있어서 좋아요", "받는 사람이 기분 좋아할 것 같아요"처럼 브랜드의 의도를 고객이 스스로 읽어낸다. 기능을 넘어서는 순간이다.

　브랜드 에센스는 고객에게만 필요한 게 아니다. 협력업체, 유통사, 디자이너처럼 브랜드와 함께 움직이는 모든 사람과의 소통에도 유용하다. 기준이 명확하면 설명이 짧아지고, 서로의 이해가 빨라진다. 팀의 에너지도 확연히 달라지고, 일하는 방식이 바뀐다. 기준이 없을 땐 "오늘 뭘 팔까? 어떻게 하면 더 팔릴까? 경쟁사는 뭘 하고 있을까?"처럼 단기 목표에만 집중한다. 각자 다른 방향으로 뛰는 느낌이다. 하지만 브랜드 정체성이 자리 잡으면 모든 일에 의미가 생긴다. "오늘 브랜드 가치를 어떻게 실현할까? 고객에게 어떤 경험을 줄 수 있을까?" 같은 질문이 중심이 된다. 같은 업무라도 관점이 달라지니 자발성이 생기고, 팀 전체가 한 방향으로 움직인다.

브랜드 에센스가 명확해지자 가장 크게 변한 건 직원들의 정체성이었다. 이전에는 주변에서 "너 요즘 뭐 해?"라고 물으면 "엿 팔아요"라며 민망해했던 직원들이 이제는 "좋은 에너지를 전달하는 일을 해요"라고 당당하게 말하기 시작했다. 심지어 명함에 '에너지 컨설턴트'라고 적기도 했다. 단순히 엿을 파는 사람이 아니라, 좋은 에너지를 전달하는 매개자로서 자부심이 생긴 것이다. 퇴근 후에도 자발적으로 엿츠를 소개하고, 가족과 친구에게 자랑했다.

한편, 명확한 기준은 거절의 용기도 준다. 매출이 커질 기회처럼 보이는 제안도 브랜드 일관성을 해친다면 과감히 놓을 수 있다. 당장의 이익보다 가치를 지키는 선택이 장기적으로 신뢰를 높인다.

마케팅도 쉬워진다. 정체성이 없으면 매번 메시지와 이미지를 새로 고민해야 하고, 일관성이 없으니 고객도 헷갈린다. 반면 기준이 있으면 브랜드 톤, 메시지 방향, 비주얼 콘셉트가 이미 정해져 있으니 일의 효율이 높다. 채널 선택도 명확해진다. 고객이 어디에 있고, 어떤 공간에서 메시지가 잘 전달되는지 판단하기가 쉽다.

　사업을 확장할 때도 훨씬 자연스럽다. 브랜드 정체성이 확실하면 새로운 제품이나 서비스를 출시할 때 고객들이 그럴 만하다고 받아들인다. 브랜드 가치와 연결되는 확장이면 이상하게 여기지 않는다. 반대로 이유 없는 확장은 "왜?"라는 의문을 남긴다.

　위기 상황에서도 중심을 잃지 않는다. 예상치 못한 문제가 생겼을 때, 브랜드 정체성이 있으면 대응 방향이 명확하다. "우리 브랜드라면 어떻게 행동해야 할까?"라는 기준으로 판단할 수 있기 때문이다. 정체성이 없으면 위기 때마다 흔들린다. 어떻게 대응해야 할지 몰라서 우왕좌왕하거나, 일관성 없는 메시지를 내놓기 쉽다.

　마지막으로, 브랜드 아이덴티티는 경쟁 우위를 만든다. 기능이나 가격은 쉽게 따라 할 수 있지만, 브랜드 정체성은 복제하기 어렵다. 겉모습은 흉내낼 수 있어도, 브랜드에 담긴 진정성과 스토리는 복제할 수 없다. 시간이 쌓일수록 그 차이는 더 선명해지고, 고객은 "비슷해 보여도 느낌이 달라요"라고 말하기 시작한다.

　브랜드 정체성 하나로 회사의 언어도, 고객의 반응도, 팀의 일하는 방식도 모두 달라진다. 사람들은 결국 제품이 아니라, 그 브랜드가 지켜온 태도와 믿음을 기억한다. 그 믿음이 일관되게 이어질 때, 브랜드는 해마다 더 깊어지고 단단해진다.

거창하지 않게
미션과 비전 만드는 법

06

　브랜드 에센스를 찾은 것은 시작일 뿐이었다. 중요한 건 이 에센스를 구체적인 문장으로 만드는 일이었다. 팀원들과 대화할 때도, 고객에게 설명할 때도, 사업 계획을 세울 때도 더 명확한 문장이 필요했다. 우리는 정확히 무엇을 하는 브랜드인가? 어디로 가고 싶은 브랜드인가? 이런 질문에 답하려면 브랜드 에센스를 구체적인 문장으로 만들어야 했다. 그것이 바로 미션과 비전이다.

　일반적으로는 미션을 먼저 세우라고 한다. 미션은 나침반이고, 비전은 별이다. 길을 잃있을 때 나침반을 보고, 지쳤을 때 별을 본다. 미션이 일상의 모든 선택에 기준을 제공하기 때문에 먼저 정하는 게 맞다. 하지만 엿츠의 경우는 조금 달랐다. 미션을 구체화하기 전에 여러 비전을 상상해봤다. 한국 전통 라이프스타일 브랜드가 될까? 엿 카페를 열까? 쌀 중심의 건강 브랜드로 갈까? 아니면 선물 시장에 집중할까?

　모두 매력적인 길이었다. 전통 브랜드는 깊이 있는 스토리를, 카페는 안정적인 수익을, 건강 브랜드는 큰 시장을 약속했다. 하지만 결정을 내리기 어려웠다. 무엇을 기준으로 선택해야 할지 모호했다. 그런데 브랜드 에센스가 '긍정 에너지(기분 좋은 응원)'로 정해지는 순간, 모든 게 명확해졌다. 응원의 본질이 가장 잘 드러나는 무대는 어디일까? 답은 뻔했다. 선물이었다. 누군가를 생각하며 마음을 전하는 가장 자연스러운 방식이었다.

이때부터 미션도 자연스럽게 정리됐다. 우리가 정말 하고 싶었던 건 제품을 파는 게 아니라, 누군가에게 힘이 되는 것이었다. 그 순수한 마음을 문장으로 만들어보니 "밸런스가 깨진 사람들에게 긍정 에너지를 제공하여 더 나은 삶을 살도록 돕는다"로 정리됐다. 물론 이 문장도 하루아침에 완성된 건 아니었다. 처음엔 "전통 엿의 가치를 현대인에게"라는 막연한 문장이었다. 그럴듯해 보였지만 "그래서 우리가 뭘 해야 하는데?"라는 질문을 던지자 답이 나오지 않았다. 두 번째 시도는 "건강한 전통 간식으로 스트레스 해소하기"였다. 조금 더 구체적이었지만, 여전히 뭔가 부족했다. 세 번째는 "밸런스가 깨진 사람들에게 긍정 에너지 제공하기"였다. 이때부터 뭔가 손에 잡히기 시작했다. 네 번의 진화를 거쳐서야 깨달았다. 우리가 파는 건 엿이 아니라 긍정 에너지이며, 그 에너지를 받은 고객은 기분 좋은 응원을 느낀다는 것을 말이다.

좋은 미션은 길게 설명하지 않아도 바로 이해된다. 엿츠의 미션도 처음엔 길고 복잡했다. 하지만 사람들이 기억하기 어려웠다. 그래서 우리는 이 미션을 사람들이 쉽게 이해할 수 있는 표현으로 압축했다. 브랜드 에센스가 바로 그것이다. 지금도 새로운 제품을 기획할 때, 새로운 메시지를 만들 때, 어려운 결정을 내려야 할 때마다 복잡한 미션 문장보다 간단한 브랜드 에센스가 훨씬 더 강력한 기준이 되어준다.

비전은 미션보다 상황에 따라 더 유연할 수 있다. 미션이 변하지 않는 중심축이라면, 비전은 그 중심축을 바탕으로 그려가는 미래의 모습이다. 엿츠의 경우 브랜드 에센스와 미션이 정해지면서 비전도 그에 따라 자연스럽게 분명해졌다. 응원이 필요한 순간 첫 번째 선택지가 되자는 것이었다.

이 선택이 우리의 모든 전략을 결정했다. 제품은 기능보다 감정 중심으로, 마케팅은 기능 설명보다 스토리 중심으로, 채널은 대중성보다 진정성이 전달되는 곳 중심으로 향했다. 모바일 선물 플랫폼 '카카오톡 선물하기'가 우리의 메인 채널이 된 것도, 누군가를 생각하며 마음을 전하는 방식과 가장 잘 맞았기 때문이다. 돌이켜보면 좋았던 점도, 아쉬운 점도 있었다. 독특한 포지셔닝을 확보할 수 있었고, 젊은 세대에게 높은 브랜드 인지도를 얻었으며, 강력한 브랜드 스토리를 만들어 낼 수 있었다. 하지만 상대적으로 제한된 시장 규모, 시즌성에 따른 매출 편차 등도 있었다.

만약 다른 비전을 선택했다면 더 큰 시장, 더 안정적인 매출을 기대할 수 있었을지도 모른다. 하지만 우리는 이 선택을 후회하지 않는다. 돈을 벌기 위해서가 아니라 의미를 만들기 위해 시작한 브랜드였기 때문이다. 그리고 무엇보다 이 비전이 우리의 미션과 가장 잘 맞았다.

브랜드는 결국 무엇을 만들지, 누구에게 닿을지, 어떻게 말할지 선택의 연속이다. 그 모든 순간에 미션은 기준이 되고, 비전은 방향이 된다. 미션과 비전은 거창한 선언문이 아니라, 매일의 선택을 돕는 실용적인 도구다. 세상이 변해도, 내가 왜 시작했는지만 잊지 않으면 된다.

지금 시작해도
브랜드 에센스는 늦지 않다

07

지금까지 브랜드 정체성을 너무 성스럽게 다뤄온 것 같다. 마치 브랜드 에센스만 있으면 모든 게 해결된다는 것처럼 들렸다면, 그렇지는 않다.

"브랜드 에센스라니, 왠지 거창하네. 그냥 작은 사업체 하는 건데 이런 게 필요할까?"라는 생각이 들지도 모른다. 나도 처음엔 그랬다. 전문가들이나 하는 것 같고, 우리 같은 작은 브랜드에는 사치처럼 느껴졌다. 좋은 제품 만들어서 열심히 팔면 되는 거 아닌가 싶었지만 시간이 지나면서 알았다. 거창한 철학이나 미션이 아니라도, 기준 하나가 생기는 게 얼마나 편한지 말이다. 회의할 때도, 결정할 때도, 갈등이 생겼을 때도 우리다운지 물어보면 답이 나온다. 브랜드 에센스가 있다고 해서 매출이 갑자기 오르는 건 아니다. 하지만 시행착오를 덜 하게 해준다. 그 차이가 생각보다 크다.

엿츠도 처음은 괜찮을 것 같다는 막연한 생각에서 시작했다. 특별한 비법이 있던 건 아니다. 이것저것 시도하다 보니 지금까지 온 거다. 브랜드도 그렇게 조금씩 선명해졌다. 특별한 사람들만 할 수 있는 일도 아니다. 동네 카페도 '따뜻한 쉼터'라는 에센스가 있으면 달라지고, 온라인 쇼핑몰도 '믿을 만한 큐레이션'이라는 기준이 있으면 차별화된다. 1인 브랜드도 '진짜 써본 후기'라는 진정성 하나로 팬이 생긴다. 거창한 철학이 필요한 게 아니다. 솔직한 마음이면 충분하다. 나머지는 하면서 배우면 된다.

완벽을 추구하면 시작도 못 한다. 브랜드 에센스 찾기에 정답은 없다. 시행착오를 거치며 점점 더 정확해진다. 마치 조각가가 거친 돌덩이에서 시작해 조금씩 깎아내며 작품을 완성하듯이 말이다.

엿츠의 브랜드 에센스도 처음부터 분명했던 건 아니다. "전통 엿을 현대적으로"라는 뻔한 문장에서 시작해 다듬은 결과다. 지금도 계속 진화하고 있다. 중요한 건 체화다. 멋진 문장을 만드는 일보다, 그 문장처럼 살아내는 일이 더 어렵다. 팀원들이 자연스럽게 그 기준으로 생각하고 행동하는 데까지 시간이 걸린다. 하지만 그 과정이 곧 브랜드를 만들어가는 일이다.

오늘 당장 해볼 수 있는 일이 있다. 종이에 내 브랜드를 한 단어로 표현하면 무엇인지 적어본다. 그리고 주변 사람에게도 물어보자. 예상과 다른 답이 나와도 괜찮다. 오히려 그게 더 중요한 단서가 될 때가 많다. 거창하게 시작할 필요는 없다. SNS에 짧은 글을 올리거나, 지인에게 가볍게 물어보면 된다. 그렇게 작은 반응에서 의외로 의미 있는 힌트를 얻을 수 있다.

틀려도 괜찮고, 바뀌어도 괜찮다. 어차피 정답은 없다. 중요한 건 시작하는 것이다. 브랜드는 계획하는 게 아니라 만들어가는 것이다. 브랜드 에센스는 중요하지만 완벽해야 하는 건 아니다. 부담 갖지 말고 일단 시작해보자. 무엇보다, 내 브랜드가 조금씩 선명해지는 게 보인다. 그게 브랜드를 만드는 진짜 재미다.

Chapter 4.

제품 개발과 시행착오:

단단해지는 과정

망해가며 배운

브랜드의 진짜 법칙들

아이디어가
책임이 되는 순간

01

 브랜드 철학을 제품으로 옮기는 일은 생각보다 훨씬 어려웠다. 머릿속에서 멋지게만 보이던 문장과 키워드가 실제 식품이 되는 순간, 수많은 벽이 기다리고 있었다. 맛, 품질, 안전, 법적 기준 등 하나라도 놓치면 안 되는 현실적인 문제들이었다.

 특히 식품은 더 민감했다. 누군가의 입으로 들어가고, 가족과 아이들이 함께 나누는 것이기에 더 철저해야 했다. 멋진 브랜드 스토리나 예쁜 패키지는 시작일 뿐, 진짜 시험대는 "안심하고 먹을 수 있는가?"였다. 그 순간부터 나는 단순한 기획자가 아니라 누군가의 건강을 책임지는 입장이 되었다.

 하지만 책임감만으로는 경험 부족을 메울 수 없었다. 첫 제품은 결과적으로 실패했고, 제조 과정에서는 예기치 못한 변수가 끊임없이 터졌다. OEM 계약부터 패키지 개발, 품질 문제, 유통까지 모든 단계가 배움의 연속이었다.

 시제품 박스를 처음 열었을 때, 가슴이 두근거렸다가 곧 두려움이 덮쳤다. "이게 안전할까? 맛은 괜찮을까? 사람들이 좋아할까? 문제가 생기면 어떻게 하지?" 식품은 한번 입에 들어가면 되돌릴 수 없었다. 고객은 돈을 내고 물건을 산 것만이 아니었다. 그들은 믿음을 사는 셈이었다. 아이의 간식으로, 부모님 선물로, 연인과 함께할 작은 기쁨으로 우리 제품을 선택했으니, 그 신뢰 앞에서 어깨가 무거워졌다.

처음엔 공식 기준들이 번거롭게만 보였지만, 결국 모두 소비자를 지키기 위한 최소한의 안전장치였다. 하지만 법적 기준만 충족하면 충분할까? 더 근본적으로는 "내 가족도 안심하고 먹을 수 있는가?"라는 질문에 자신 있게 대답할 수 있어야 했다.

겉으로는 담담했지만, 속으론 설렘과 불안이 뒤섞였다. 내가 해낼 수 있을까? 그 긴장감 덕분에 나는 더 꼼꼼해지고 신중해졌다. 식품 브랜드는 단순한 상품이 아니라 누군가의 일상으로 들어가는 책임이었다. 그 의미를 받아들이는 순간, 진짜 브랜드가 시작됐다. 식품 브랜드를 만든다는 건 이런 마음가짐의 전환에서 시작되는 일이었다. 콘셉트를 현실 제품으로 옮기는 첫 번째 관문은 '책임감'을 받아들이는 것이었다.

마음의 준비는 끝났다. 이제 정말 만들어볼 차례였다. 하지만 막상 실행하려 하니, 먼저 갖춰야 할 게 있었다. 바로 자격이었다. 처음엔 당황스러웠다. 식품을 팔려면 유통전문판매업 신고부터 해야 하고, 매년 식품위생교육도 받아야 한다는 걸 그제야 알았다. 화장품은 책임판매업 등록, 전자제품이나 유아용품은 KC인증까지 할 일이 많았다. 이런 걸 미리 알았더라면 좋았을 텐데, 싶었다.

서류를 준비하면서 "아, 이게 진짜 사업이구나" 싶었다. 단순히 좋은 아이디어나 제품만으로는 안 되었다. 이 과정을 건너뛰면 과태료, 판매 중단, 심하면 회수 명령까지 이어진다니, 자격은 선택이 아니라 시장에 들어서기 위한 입장권이었다. 번거로웠지만, 오히려 안심되기도 했다. 이 절차를 밟는다는 건, 정말 준비된 브랜드 오너가 되어간다는 뜻이었다.

가장 먼저 결정해야 할 것은 제조 방식이다. 이 선택에 따라 필요한 인허가가 완전히 달라진다. 직접 제조한다면 식품제조가공업 허가가 필요하다. 초기 비용이 크고, 시설 구축과 HACCP 등 까다로운 요건을 충족해야 한다. 제조 기술 확보도 필수라 대규모 투자가 필요하다. 대신 모든 공정을 직접 통제할 수 있다는 장점이 있다. 그 외에도 2가지 방식이 있다.

첫째, OEM(주문자상표부착생산) 방식이다. 유통전문판매업 신고만 하면 되고, 사무실만 있어도 시작할 수 있다. 설비 요건도 간단해 최소 투자로 가능하지만, 제조를 위탁하는 만큼 통제력은 떨어진다.

둘째, ODM(제조자개발생산) 방식이다. OEM에서 한 단계 더 나아간 방법으로, 제품 개발 자체를 제조사가 도와준다. 레시피나 기술이 없는 초기 창업자에게는 유용하지만, 브랜드만의 고유성을 살리기 어렵고 제조사 의존도가 커진다는 한계가 있다.

엿츠는 초기 자본과 전문성의 한계를 고려해 OEM 방식으로 출발했다. 작은 브랜드로선 현실적인 선택이었다. 이 방식으로 만든 식품을 팔려면 정부에 유통전문판매업 신고를 해야 한다. 우리가 만든 게 아니라 다른 곳에서 만든 식품을 팔겠다는 뜻이다. 다행히 허가가 아니라 신고라서, 까다로운 심사를 통과해야 하는 게 아니라 필요한 서류만 제출하면 일주일 안에 처리된다.

하지만 어디에서 신청할지 막막했다. 관할 기관이 지역마다 다르기 때문이다. 어떤 곳은 구청 위생과, 어떤 곳은 보건소에서 담당한다. 그래서 창업자가 가장 먼저 해야 할 일은 우리 지역은 어디로 가야 하는지 확인하는 것이다. 해당 관공서 사이트에서 찾아보거나, 직접 전화를 걸면 된다. 경험상 온라인으로 대략적인 정보를 확인한 다음, 담당 부서에 직접 전화해서 물어보는 게 가장 정확하다.

전화할 때 함께 확인할 것들이 있다. 우리 제품이 정말 유통전문판매업에 해당하는지, 필요한 서류는 뭔지, 사무실 기준은 어떻게 되는지, 처리 기간은 얼마나 걸리는지 등이다. 담당자 이름과 연락처도 꼭 메모해두고 나중에 누구한테 들었는지 명확히 할 수 있어야 한다.

준비할 서류가 생각보다 많다. 식품영업 신고서, 사업자등록증 사본, 위생교육 이수증, 사무실 임대차계약서, 신분증에 더해, 담당자마다 추가로 요구하는 서류가 달라진다. 예를 들어, OEM으로 만든다면 제조업체와의 계약서, 냉장·냉동식품을 다룬다면 창고 설비 사진을 요구하는 경우도 있다. 또 어떤 지역은 보건증(건강진단결과서)을 의무로 보지만, 어떤 곳은 그렇지 않다. 법으로 정한 최소 기준은 같지만 지자체마다 조건을 더 붙이는 경우가 있기 때문이다. 그래서 전화할 때 지역만의 추가 조건이 있는지 물어보는 게 안전하다.

순서도 중요하다. 사업자등록을 먼저 하고, 그다음에 영업신고를 해야 한다. 영업신고가 끝나면 마지막으로 사업자등록증에 해당 업종을 추가하는 것도 잊지 말자. 세무서에 가거나 온라인에서 홈택스를 통해서도 할 수 있다.

위생교육은 의무지만 생각보다 도움이 됐다. 최신 법령 변경 사항을 빨리 알 수 있어서 나중에 당황할 일을 미리 줄일 수 있었다. 온라인으로도 들을 수 있지만, 첫 강의라면 시간을 내어 오프라인에서 경험해보는 게 좋다. 강사한테 바로 질문할 수 있고, 비슷한 고민을 하는 다른 사람들과 이야기 나눌 기회도 생긴다. 현장의 이야기들은 인터넷에서 찾기 어려운 정보들이었다.

그때 처음 정부 지원 프로그램 정보도 알게 됐다. 소상공인진흥공단 지원금부터 지역 농업기술센터 시설 대여까지, 생각보다 도움을 받을 수 있는 곳이 많았다. K-스타트업(정부 스타트업 지원 플랫폼)이나 지역 창조경제혁신센터 사이트를 틈틈이 확인해보면 좋다.

자격을 갖췄다면, 그때 비로소 제품을 만들 수 있었다. 하지만 여기서부터가 진짜 시작이었다. 지금까지는 서류와 교육비 정도의 작은 비용이 들었다면, 이제부터는 본격적인 투자가 시작되는 단계였다. 시제품 제작비, 패키지 개발비, 첫 생산 물량까지, 한번에 수백만 원에서 수천만 원이 움직이는 결정을 내려야 했다.

그 과정은 예상보다 훨씬 험난했다. 여름철에 엿이 달라붙거나, 조청이 상하거나, 수능 시즌 직전에 생산 중단을 통보받거나, 〈태양의 후예〉 PPL 제안을 준비 부족으로 놓치는 등, 그때마다 "이번엔 정말 끝났다" 싶었지만, 어떻게든 살아남았다. 실패를 두려워하지 않고, 빠르게 실행하며, 그 과정에서 배운 걸 시스템으로 만들었기 때문이다. 앞으로 들려줄 이야기들이 바로 그 좌충우돌 과정이다.

좋은 공장 찾기가
이렇게 어려울 줄이야

02

첫 번째 큰 결정이 기다리고 있었다. 바로 어디서 만들 것인가였다. 엿을 만들기로 결심했을 때, 가장 현실적인 문제는 이것이었다. 직접 만들 수는 없었고, 그렇다고 공장을 세울 수도 없었다. OEM이라는 말은 알았지만, 식품 제조는 웹 서비스처럼 외주 맡기면 끝이 아니었다. 누군가에게 맡긴다는 건, 단순히 생산을 위탁하는 게 아니라 브랜드의 뿌리를 함께 심는 일이었다.

그래서 전국 각지의 엿 공장을 수소문했다. 특히 전통 방식으로 만들고, 주원료 베이스가 쌀만을 사용하는 곳을 우선으로 찾았다. 식품 브랜드에서 제조 파트너는 운명을 함께하는 존재다. 아무리 멋진 브랜드 스토리와 디자인이 있어도, 제품의 품질이 받쳐주지 않으면 모든 게 무너진다.

문제는 막상 공장을 방문하기로 하니 어떻게 대화를 시작해야 할지조차 감이 잡히지 않았다는 것이다. 식품 제조 지식이 전무했고, 어떤 질문을 던져야 하는지도 몰랐다.

처음엔 업체만 찾으면 쉽게 진행될 줄 알았다. 먼저 시중에서 엿을 사 모았다. 제품 뒷면의 제조업체를 하나하나 확인해 엑셀에 입력했다. 검색으로 찾을 수 있는 공장 리스트도 함께 정리하고, 그다음에는 전화를 걸었다.

하지만 현실은 예상보다 벽이 훨씬 높았다. 연락처조차 잘못된 곳이 많았고, 웹사이트는커녕 제대로 된 리뷰를 찾기 힘들었다. 어렵사리 연결돼도 소량은 안 받는다거나 OEM은 안 한다는 말이 돌아왔다. 엿이라는 제품이 시장에서 잊혀진 만큼, 엿을 만드는 사람들도 서서히 사라지고 있었다. 그 사실이 조금은 슬펐고, 동시에 이 일을 꼭 해내야겠다는 마음이 더 간절해졌다.

그래서 직접 공장을 찾아가기로 했다. 첫 발걸음은 여전히 선명하다. 어렵게 찾아간 그 엿 공장은 지금 생각해도 참 어색했다. 우리가 뭘 원하는지 제대로 설명하지 못했고, 사장님이 툭툭 던지는 전문 용어는 절반도 이해하지 못했다. 수율부터 당화 과정, 혼합 비율까지, 모든 게 낯선 세계였다. 그때 공장 문턱만 넘는다고 해결되는 게 아니라는 걸 깨달았다. 몇 군데 돌아다닌다고 제품이 완성되는 것도 아니었다. 제조 파트너와 손발을 맞추려면, 그들의 언어를 이해하고 서로의 방식을 존중해야 했다. 공장 방문에도 나름의 요령이 있었다는 걸 시행착오 끝에 알았다.

첫째, 진정성이 첫 관문을 연다

무턱대고 질문을 쏟아내는 건 통하지 않았다. 나는 배우고 싶은 마음이었지만, 상대에게는 낯선 이가 캐묻는 것으로 보였을 것이다. 질문이 많을수록 정보만 빼 가려는 건 아닌지 경계심이 앞서는 건 당연했다. 아무리 좋은 의도라도, 처음 만난 사람이 질문을 쏟아내면 부담스럽게 느껴질 테다. 그때 대화를 여는 건 질문이 아니라, 내가 어떤 사람인지 보여주는 작은 신뢰라는 것을 배웠다. 상대가 함께해도 괜찮겠다고 느껴야 비로소 진짜 이야기가 흘러나왔다. 그래서 솔직하게 "엿에 대해 잘 모릅니다. 하지만 정말 좋은 엿을 만들고 싶어요. 우리가 추구하는 방향은 이렇습니다. 도와주실 수 있을까요?"라고 물었다.

그 한마디 뒤에 대화가 달라졌다. 표정이 풀리고, 이야기가 깊어졌다. 경험 많은 제조업체들은 전문성 부족보다 진정성과 열정, 브랜드의 명확한 방향성에 더 큰 가치를 두었다. 우리의 부족함이 '만만한 갑'처럼 보일 수도 있지만, 괜찮은 파트너라면 그 진심을 인정해주고 기꺼이 돕는 관계로 발전할 수 있다. 진심이 통한다는 말처럼, 업계 선배들은 솔직함과 배우려는 자세를 가진 사람에게 오히려 더 많은 조언과 실질적인 도움을 준다. 물론 아닌 사람도 있었다. 수많은 갑에게 상처를 받아온 OEM 업체들은 새로운 브랜드를 쉽게 믿지 않았다. 약속을 어기고 떠나간 브랜드들, 물량을 늘리겠다며 조건을 깎아달라다가 사라진 브랜드들을 이미 많이 겪었기 때문이다. 그래서 아무리 진심을 보여도 선뜻 마음을 열지 않았고, 작은 변화에도 예민하게 반응했다. 진정성은 출발점일 뿐이고, 끝까지 신뢰와 일관성을 지켜야 했다.

둘째, 준비가 신뢰를 완성한다

진정성만으로는 부족했다. 제조 파트너를 만나면서 가장 크게 느낀 건, 그들이 단단하다는 점이었다. 20~30년 현장을 지켜온, 수치보다 손맛과 감각으로 승부하는 장인들이었다. 그 앞에서 무작정 열정만 외친다고 해서 바로 문이 열리진 않았다. 최소한의 준비는 필요했다. 관련 기사, 업계 용어, 기본 공정을 미리 공부했다. 그 준비가 있으면 질문이 깊어진다. 대화는 점점 살아나고, 상대는 내 진심을 읽는다.

하지만 대화만 잘한다고 끝나는 게 아니었다. 다양한 OEM 업체를 만나다 보니, 어느 곳이 진짜 우리 파트너가 될 수 있을지 구분할 안목이 필요했다. 그래서 리스트를 만들 때 연락처만 적지 않고, 기술력, 생산 품목, 시설 상태, MOQ, 위치, 위생, 대응 태도, 커뮤니케이션 스타일까지 항목별로 나눠서 점수화했다. 이 리스트는 큰 무기가 되었다.

워밍업 업체부터 만나는 것도 전략이었다. 처음 만나는 자리에서는 아무리 준비해도 서툴 수밖에 없다. 질문은 어설프고, 체크해야 할 포인트도 빠뜨리기 마련이다. 그래서 의도적으로 점수가 낮은 업체부터 먼저 방문했다. 연습 경기처럼 치르는 미팅이, 본선에 나가기 전 몸을 풀어주는 시간이 되어주었다. 10곳 정도를 리스트업했다면, 가장 낮은 점수 2곳은 제외하고 7, 8위부터 방문했다. 진짜 원하는 1, 2위 업체는 미팅 스킬이 어느 정도 늘고 나서 만났다. 그러면 첫 번째, 두 번째 미팅에서 실수하더라도 큰 손실을 보지 않았고, 오히려 그 경험으로 더 나은 질문과 체크포인트를 만들 수 있다.

실제로 첫 번째 공장에서는 '하루 생산 수량'이란 말조차 제대로 못 했다. 그런데 세 번째 업체쯤 가니까 "엿기름 비율은 어떻게 되나요? QC(품질 관리)는 어떤 기준으로 체크하시나요?"라는 질문이 자연스럽게 나왔다. 질문이 바뀌면, 대화의 깊이도 달라진다.

아무리 미팅에서 배운다 해도, 기본적인 리스크는 미리 걸러내야 했다. 그중 가장 쉬운 방법이 바로 '검색'이다. 업체 이름을 포털에 입력하고, 뉴스, 블로그, 커뮤니티, 상품평 탭까지 훑어보는 습관 하나가 나중의 큰 시행착오를 막아준다.

엿츠 초기에 후보에 올랐던 공장이 있었는데, 기술력도 좋아 보였고 위치도 괜찮았다. 그런데 검색해보니 제품에서 쥐가 나왔다는 5년 전 기사가 있었다. 혹시나 하는 마음에 현장을 방문해 확인해보니, 위생 관리 시스템이 바뀐 게 없었다. 우리는 그 자리에서 미팅을 종료했다.

공장을 탐방할 때는 준비물도 중요했다. 진심 담은 소개와 A4 한 장 정도로 정리한 제품 콘셉트, 작은 선물을 챙겨 갔다. 마음을 담은 정성이 첫 만남의 어색함을 깨고 대화의 물꼬를 트는 데 효과적이었다.

다년간의 경험상, 지방의 작은 OEM 공장에는 커피믹스 한 박스를 챙겨 가면 가장 반응이 좋았다. 서울의 트렌디한 디저트나 유명 제과점 간식도 좋지만, 현실적으로 준비가 번거롭다. 지방까지 가려면 이른 아침에 출발해야 하고, 공장 오픈 시간이 오전인 경우가 많아 출발 전에 뭔가를 사 가기가 쉽지 않다. 그래서 준비 부담이 적으면서도 현장에서 환영받는 커피믹스가 가장 현실적이었다. 이런 작은 배려 하나가 관계를 오래가게 하는 힘이 된다. 결국 우리는 그들의 시간을 빌리는 입장이다. 현장에서 바쁘게 일하시는 분들이 시간을 내서 만나주는 것만으로도 고마운 일인데, 그 마음에 보답하는 최소한의 예의라고 생각했다.

공장 탐방을 하다 보니 알게 된 사실인데, 제조 시설이 있는 브랜드라 해도 기회가 된다면 다른 생산 시설을 방문해보길 권한다. 자기 공

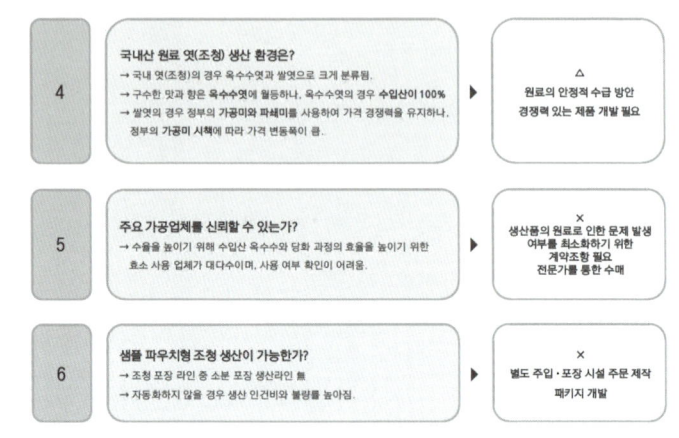

OEM 생산공장 조사

정만 들여다보다 보면 놓치는 부분이 분명히 있다. 다른 곳의 장점을 벤치마킹하고, 우리의 미흡한 점을 발견할 수 있는 좋은 기회다. 공정 효율을 높이는 라인 배치, 원재료 관리 방식, 위생 관리 노하우, 예상치 못한 작업 동선까지. 경쟁의 시선이 아니라 학습의 관점에서 접근하면 훨씬 많은 것을 얻는다. 실제로 몇몇 방문지에서 느끼고 돌아와 문제점을 개선한 사례가 많았다. 공장 간의 경험 차이를 몸으로 느끼면, 우리 시스템에 적용할 수 있는 아이디어가 쏟아진다.

셋째, 경쟁 업체에서 진짜 정보를 얻는다

OEM 시장은 생각보다 좁다. 오래 경쟁해온 업체들은 서로의 장단점을 의외로 잘 알고 있었다. 그래서 "저희가 A공장과 미팅을 먼저 진행했는데, B공장도 고려하고 있어요"라고 툭 던지거나, "이 업계에서 오래 일하셨으니 다른 곳들도 많이 아시겠어요. 저희 같은 초보가 조심해야 할 부분이 있을까요? 솔직히 처음이라 어떤 기준으로 선택해야 할지 막막해요. 이런 업계에서는 보통 어떤 걸 가장 중요하게 봐야 하나요?"와 같은 자연스러운 질문으로 대화의 물꼬를 텄다.

"B공장이요? 거긴 최근에 설비를 교체했어요. 단가는 우리보다 조금 높을 텐데, 대신 소량 생산에는 더 유연하죠." 이렇게 얻은 정보는 어디에도 문서화되지 않은, 살아 있는 인사이트였다. 가격표나 생산 능력을 넘어 업체의 현재 상태, 대응 속도, 심지어 경영진의 성향까지 짐작할 수 있었다. 다만 이런 정보는 편향돼 있을 수 있다. 경쟁사를 이야기하는 사람은 자기 회사를 더 돋보이게 말할 가능성이 높다. 그래서 나는 이런 이야기를 정답이 아니라 단서로만 두고, 반드시 다른 경로로 검증했다.

엿츠를 위한 OEM 공장 탐방은 쉽지 않았다. 한국에서 엿 공장은 이미 사라져가는 업종이었다. 십 수 년 사이 대부분이 문을 닫았고, 남아 있는 곳은 인터넷 검색으로도 찾기 어려운, 노년 장인들이 지키는 작은 공간이었다. 우리는 잊혀져가는 엿을 되살리자는 마음 하나로, 후배 작가와 함께 전국의 엿 공장을 도장깨기하듯 일일이 찾아다녔다. 처음엔 대부분 우리를 소매업체로 착각했다. "OEM 계약이 아니라 소량으로 떼다 팔려는 거지?"라거나 "해보세요, 나쁠 건 없지" 하며 가볍게 웃어넘기기도 했다.

하지만 우리가 진지하게 말하기 시작하면 분위기가 달라졌다. 엿을 다시 대중화시키고 싶고, 전통 방식을 살리되 현대적으로 풀어보고 싶으며, 지금 엿이 너무 잊혀졌다는 이야기를 꺼내는 순간, 그들의 태도는 가볍게 해보라는 무심한 격려에서 제발 그만두라는 진심 어린 걱정으로 바뀌었다. "그 시장은 지금 너무 작아요. 힘만 들고 남는 게 없어요. 사기당하기 딱 좋게 생겼네. 조심해요." 어떤 분은 원가 구조와 유통 구조까지 다 풀어주시며, "이 이상 요구하는 업체가 있으면 그건 사기입니다"라고 마치 자식을 대하는 마음으로 조언을 해주시기도 했다.

처음엔 그런 반응이 의아했다. 우리를 경쟁자로 느끼고 진입을 막으려는 건가 싶었다. 하지만 그분들은 진심이었다. 엿이 사라지는 과정을 가장 가까이에서 지켜봤고 그 고단함을 누구보다 잘 알고 있었기에, 경쟁이 아니라 걱정에서 비롯된 조언이었다. 짧게는 몇 년, 길게는 몇 세대에 걸쳐 쌓인 그들의 시간과 통찰은 단시간에 얻을 수 없는 것이었다. 그 조언들 덕분에 우리는 현실을 바로 보고 단단한 마음으로 출발할 수 있었다. 원가 구조를 알았기에 터무니없는 가격 제안에 속지 않았고, 유통의 난관을 예상했기에 온라인 중심 전략을 세울 수 있었다. 무엇보다 쉽지 않을 거라는 각오로 시작했기에 첫 번째 위기 앞에서도 쉽게 포기하지 않았다.

그렇게 여러 공장을 돌고 나니, 정말 결정을 내려야 할 때가 왔다. 공장을 평가하는 수많은 체크리스트가 있고 실무적으로 꼭 필요한 기준이 있다. 나 역시 그 기준을 무시하지 않았다. 시설의 위생, 생산 능력, MOQ, 단가 구조, 품질 관리 체계 같은 것을 하나하나 점검하며 꼼꼼히 기록했다. 브랜드를 책임지는 입장에서 객관적 지표는 분명 기본이기 때문이다.

하지만 최종 선택의 순간에는 객관적 지표와 철학 사이에서 고민해야 했다. 모든 조건을 충족해도, 브랜드가 안심하고 기댈 수 있는 파트너를 찾는 건 또 다른 문제였다. 우리가 선택했던 공장은 모든 면에서 완벽하진 않았지만, 함께 만들고 싶다는 확신이 있었다. 여러 공장을 돌며 기준을 세우고 데이터를 정리했지만, 최종 선택의 이유는 객관적 지표나 수치가 아니었다. 정량적 판단보다 더 중요한 건, 결국 그들이 가진 철학과 태도였다.

엿은 다른 식품보다 훨씬 예민했다. 온도와 습도에 따라 레시피 자체가 달라지고, 물의 양, 끓이는 시간, 숙성 정도까지 매번 조율해야 했다. 계절에 따라 엿의 강도조차 달라져야 했다. 정답이 없는 세계였고, 기준도 모호했다. 그래서 대기업형 자동화 설비 공장과는 결이 맞지 않았다. 기계로는 잡아낼 수 없는 사람 손의 감각이 필요했기 때문이다. 대형 자동화 공정은 위생과 생산 안정성은 갖췄지만, 그 과정에서 원가 절감을 위해 GMO 원료나 각종 첨가물이 자연스럽게 섞이는 경우가 많았다. 겉은 멀쩡해 보여도, 속은 우리가 원치 않는 방식으로 채워지는 셈이었다. 우리는 그와는 다른 길을 가고 싶었다.

그러던 중 지금의 공장을 만났다. 첫 방문 날, 서울에서 유명한 빵과 음료를 사 갖고 갔는데, 대표님은 조용히 말씀하셨다.

"우린 그런 거 잘 안 먹어요. 안 좋은 걸로 범벅된 거잖아요. 그런 건 많이 드시지 마세요."

그 말에 마음이 멈췄다. 그 공간은 우리가 상상했던 것보다 훨씬 더 정직한 철학을 가진 곳이었다. 작업실 한 켠엔 일하는 분들을 위한 약재 끓인 차가 놓여 있었고, 한 켠에선 어린 손주가 엿을 쥔 채 놀고 있었다. 사탕은 못 먹게 하면서도 엿은 마음껏 먹게 두는 모습을 보자, 안심이 되었다. 말투와 표정, 공간에 흐르는 공기까지, 우리를 확신하게 만들었다.

    그 후에도 많은 도전과 조율이 있었고, 힘들 때마다 다른 선택지를 생각해보기도 했다. 하지만 결국엔 "이 사람들과 함께 만들고 싶다"라는 마음으로 돌아왔다. 파트너를 고르는 건 결국 실력을 넘어서 함께 성장할 수 있는 사람을 찾는 과정이었다. 그리고 그 시작은 완벽한 전문가처럼 보이려는 게 아니라, 불완전한 초보로서 배우고 싶은 마음을 진심으로 보여주는 것이었다. 좋은 제조 파트너를 찾는 일은 조건을 맞춰보는 게 아니라, 같은 방향을 바라보는 사람을 만나는 일이다. 그리고 그 만남이 브랜드의 정체성을 만들어간다.

계약서 없는 약속은
언젠가 독이 된다

03

좋은 파트너를 찾았다고 해서 일이 끝나는 건 아니었다. 진짜 시작은 그 관계를 어떻게 정의하고 지켜갈 것인가에 달려 있었다. 그 당시 나는 '신뢰'라는 단어를 지나치게 낭만적으로만 보았다. 신뢰는 관계의 토대이지만, 그 토대를 지탱해줄 제도적 장치가 없다면 언제든 무너질 수 있다는 것을 곧 깨달았다.

엿츠는 운 좋게도 브랜드를 깊이 이해하는 패키지, OEM, 3PL(물류 대행 업체) 회사와 오랫동안 흔들림 없이 함께하며 그 기반 위에서 단단한 파트너십을 쌓아왔다. 때로는 이들 업체가 서로 직접 소통하며 문제를 풀어낼 만큼 긴밀하게 협력했다. 1인 기업에도 이런 든든한 팀워크를 지닌 파트너가 있다는 건 분명 큰 행운이었다. 그렇다고 위기가 없었던 건 아니다. 특히 수능 시즌에 닥친 사건은, 계약서 없는 신뢰가 얼마나 취약한지 뼈저리게 깨닫게 만든 순간이었다.

여러 이유로 엿 공장을 새로운 공장으로 옮긴 적이 있다. 우리나라에서 오랜 전통을 이어온 규모 있는 공장이었고, 현대화된 시설과 시스템 덕에 신뢰가 갔다. 구두로 먼저 합의하고 계약서를 교환했지만, 공장 측은 날인을 차일피일 미뤘다. 결국 1년 가까이 계약서 없이 제품을 생산했다. 문제는 없었기에 나 역시 재촉하지 않았는데, 방심한 끝에 사건이 터졌다. 수능 시즌을 코앞에 두고, 공장 부장님에게서 전화가 걸려왔다.

"죄송하지만, 대표님이 더 이상 엿츠 제품은 생산할 수 없다고 하셨습니다."

순간, 머리가 하얘졌다. 수능은 1년 중 가장 중요한 시즌이었다. 급히 공장으로 달려가 항의했지만, 대표의 태도는 단호했다.

"계약서가 없으니 우리에게 의무는 없습니다."

그 말을 들었을 때의 충격은 아직도 생생하다. 대표의 태도를 보니, 이런 상황이 이번이 처음은 아니라는 확신이 들었다. 나중에 업계 사람들에게서 들은 이야기로는, 이 공장은 과거에도 같은 방식으로 파트너십을 끊었고, 홈쇼핑 납품으로 주문이 폭주하면서 OEM은 뒷전으로 밀려난 것이었다. 이성적인 대화가 통하지 않자, 결국 강경한 태도로 맞설 수밖에 없었다. "이미 제작된 패키지에 대한 손해를 청구하겠다", "해당 홈쇼핑에 공식적으로 항의하겠다"라는 식으로 어르고 달래며 조율한 끝에, 그해 수능 시즌 제품만큼은 간신히 납품받을 수 있었다. 이 사건은 엿츠를 운영하며 겪은 가장 극적인 위기 중 하나로, 뼈저린 교훈을 남겼다. 신뢰는 기본이지만 계약은 필수이며, 계약서가 없으면 아예 손쓸 방법조차 없다는 교훈을 온몸으로 체득했다.

나는 계약서의 중요성을 몰라서 미룬 게 아니었다. 회의록도 있었고, 메일도 정리해뒀고, 필요할 땐 녹취까지 했다. 조건은 분명히 정리돼 있었고, 상대도 내용을 알고 있었다. 문제는 마지막으로 도장이 끝내 찍히지 않았다는 거였다. 작은 브랜드라 공장의 눈치를 보던 마음,

'신뢰가 먼저'라는 말에 괜히 관계를 망치고 싶지 않았던 태도가 결국 빌미를 주었다. 다행히도 그때까지 쌓아둔 이메일 기록과 회의록이 방패막이가 되어줬다. 상대도 아무 근거가 없다고는 할 수 없었기에, 최소한 수능 시즌 제품만큼은 납품받을 수 있었다. 계약서가 준비되지 않았을 때 나를 지켜준 건 감정이 아니라 기록이었다.

그 사건 이후, 나는 반드시 계약서를 작성한다. 이제는 '계약서 없이 일하는 브랜드'는 브랜드가 아니라 위험이라는 걸 안다. 많은 업체에서 계약서를 꺼리기도 한다. 화기애애하던 분위기도 조항 검토에 들어가면 갑자기 서먹해지곤 한다. 하지만 문서화를 피하는 태도는 결국 책임을 끝까지 지지 않겠다는 신호일 수 있다.

계약은 단순히 법적 보호 장치가 아니다. 계약은 불신의 증거가 아니라, 서로의 책임을 명확히 하는 최소한의 약속이다. 좋은 파트너일수록 계약서를 반긴다. 계약서에 적힌 조항 하나하나가 불편한 족쇄가 아니라, 서로를 지켜주는 안전망임을 알기 때문이다. 계약서만으로 모든 게 해결되진 않는다. 하지만 계약서가 없으면 아무것도 해결할 수 없다. 메일이나 회의록 같은 기록이 분쟁을 줄여줄 수는 있어도, 계약서라는 기본 틀이 없다면 모든 증거는 쉽게 힘을 잃는다. 그래서 계약을 꺼리는 업체라면 애초에 파트너로 삼지 않는다. 계약은 오해를 줄이고, 책임을 분명히 하며, 긴 협업을 가능하게 하는 출발선이기 때문이다.

한 걸음 더 나아가, 계약서는 의심의 도구가 아니라 소통의 도구라고 생각한다. 단순한 법적 문서가 아니라, 서로의 기대와 약속을 명확히 하는 커뮤니케이션 장치다. 계약서를 작성하는 과정에서 서로의 기대치와 우려를 솔직하게 드러낼 수 있고, 그 대화가 더 건강한 파트너십을 만든다. 지금은 어떤 파트너와 일을 시작하든 반드시 상세한 계약서를 작성한다. 신뢰는 여전히 중요하지만, 그 신뢰를 보호하는 안전망으로서 계약서와 기록이 필요하다는 걸 잊지 않는다.

그렇다면 OEM 계약에는 무엇을 담아야 할까? 몇 번의 뼈아픈 경험을 거치며 나는 핵심 조항을 정리했다. 우선 제조 조건과 품질 기준이 필요하다. 원재료의 사양, 제조 방법, 품질 검사 기준을 명확히 적어두는 것이다. 다음은 납기와 물량에 관한 조항이다. MOQ, 납기 일정, 지연이 발생했을 때의 대응 방안, 긴급 주문 처리 방법까지 구체적으로 규정해야 한다. 또한 비밀 유지와 제조 금지 조항도 중요하다. 제품 레시피와 노하우를 보호하고, 계약 종료 후 일정 기간 동안 유사 제품을 제조하지 못하도록 해야 하며, 위반 시 손해배상 기준을 정리해두는 게 안전하다. 계약 종료 절차 역시 빠질 수 없다. 사전 통보 기간, 재고 처리 방식, 불가항력 상황 대응 절차까지 포함해야 한다.

여기에 더해 작은 브랜드일수록 꼭 챙겨야 할 조항들이 있다. 원가와 단가 조정 조건을 넣어 원자재 가격이나 환율이 변동할 때 어떻게 대응할지 정해두어야 한다. 최종 생산 전 샘플 승인 절차를 마련하면 대량 생산 시 품질 차이를 최소화할 수 있다. 불량이나 클레임 처리 기준도 중요하다. 허용 불량률, 반품과 교환 절차, 손해배상 범위를 미리 정리해두어야 한다. 지적재산권에 대한 조항도 필요하다. 레시피, 디자인, 상표권은 발주사가 독점 소유한다고 명시해야 분쟁을 예방할 수 있다. 또 필요할 때 공정을 직접 확인할 수 있는 감사·점검 권리를 확보하고, 사고 발생 시 책임 분담이나 보험 가입 여부, 리콜 책임을 규정해야 한다. 마지막으로 납기 지연이 발생했을 때 적용할 지체상금 조항도 필수다. 처음엔 이런 조항들이 번거롭게 느껴질 수 있다. 하지만 나중에 발생할 수 있는 큰 문제를 미리 차단하는 보험이라고 생각하면 된다.

한 가지 더 중요한 점은 계약서를 검토할 때는 내게 유리한 조항만 넣으면 된다고 생각하지 않아야 한다는 것이다. 상대방 입장에서도 확인해서, 그들이 안심할 수 있어야 한다. 예를 들어, 납기 지연 시 위약금 규정을 넣는다면, 동시에 '천재지변이나 예측 불가 상황일 경우 예외' 같은 조항도 함께 넣어야 한다. 불량 처리 기준을 정할 때도, 제조사 입장에서 감당 가능한 범위인지 확인하는 게 필요하다. 그래야 계약서가 일방적인 무기가 아니라, 서로를 지켜주는 균형 잡힌 방패가 된다.

신뢰는 시스템 위에서만 오래갈 수 있다. 결국 브랜드를 지켜주는 건 열정이나 좋은 제품만이 아니라, 이런 기본적인 안전장치다. 계약서 한 장이 브랜드의 운명을 좌우할 수 있다는 것을 절대 잊어서는 안 된다. 그리고 안전망을 갖췄다면, 이제는 브랜드가 실제로 세상에 모습을 드러낼 차례다.

완벽해 보였던 첫 제품?
그건 시작일 뿐이었다

04

처음 만든 엿츠 첫 출시 제품을 받았을 때의 그 설렘은 아직도 생생하다. 내 손으로 직접 만든 것은 아니었지만, 그동안의 기획과 고민이 실체가 되어 눈앞에 있다는 사실이 믿어지지 않았다.

아무 경험 없이 시작한 것치고는 결과가 훌륭했다. 맛도 좋았고, 식감도 괜찮았다. 초기 버전은 엿이 서로 달라붙지 않도록 유기농 미강가루를 볶아 넣어 만들었다. 자연 원료로 편의성을 실현한, 우리나라 시장에서는 보기 드문 형태였다. 그래서인지 유기농 미강 가루를 볶아 넣은 제품에 대한 MD들의 반응이 특히 좋았다. 맛과 영양 면에서도 괜찮다는 평가를 받았다.

이대로만 하면 되겠다 싶어 안심했다. 하지만 문제는 예상치 못한 곳에서 발생했다. 온도였다. 여름이 다가오면서 기온이 올라가자, 볶은 미강 가루만으로는 한계가 드러났다. 볶은 미강 가루와 실리카겔을 넣어도 높은 온도에서는 엿들이 서로 달라붙기 시작했다. 배송 과정에서, 진열장에서, 심지어 소비자가 가방에 넣고 다니는 동안에도 문제가 발생했다. 엿 조각들이 하나의 덩어리가 되어버린 것이었다.

온도 변화에 대비했다고 생각했지만, 현실은 예상보다 가혹했다. 그때부터 개별 캔디 포장으로 전환하는 작업이 시작됐다. 그해 수능 시

첫 출시 엿츠 5색5기

즌, 엿츠는 예상보다 훨씬 많이 팔렸다. 개별 포장이 수험생들에게 큰 호응을 얻었기 때문이다. 학부모들이 하나씩 꺼내 먹기 편하다며 재주문하기 시작했다. 어떤 고등학교에서는 선생님이 단체로 주문해서 학생들에게 나눠주기도 했다.

위기가 오히려 더 나은 방향으로 이끌어준 첫 번째 경험이었다. 돌이켜보면 처음부터 개별 포장으로 시장에 나왔다면 MD들에게 그만큼 신선하게 보이지 않았을 것이다. 독특한 미강 가루 방식으로 시선을 끌고, 여름철 문제를 해결하며 더 편리한 형태로 발전시키는 과정이 오히려 브랜드만의 신뢰를 만들어준 것이다. 하지만 이것으로 모든 문제가 해결된 건 아니었다.

개별 포장으로 전환한 후에도 고민은 계속됐다. 온도가 올라가면 엿은 여전히 문제가 생겼다. 수분을 최대한 날리면 너무 딱딱해지고, 맛은 떨어졌다. 냉장 배송을 해보니 포장지 내부에 결로가 맺혔다. 팜유나 합성 첨가물을 넣으면 녹는 걸 막을 수 있다는 조언도 있었지만, 건강하게 만들고 싶었던 우리의 목적과는 맞지 않았다. 수없이 회의하고 논의했지만 답은 쉽게 나오지 않았다.

그러던 어느 날, 오프라인 행사에서 만난 고객의 말이 우리의 시선을 바꿔놓았다. "엿이니까 녹죠. 괜찮아요. 냉장고에 잠시 넣어뒀다 먹으면 돼요. 국내산 100% 엿 찾고 있었는데 너무 좋아요. 등산할 때 사탕은 입이 마르는데, 엿은 그렇지 않거든요. 제가 딱 바라던 엿인데 만들어줘서 고마워요."

그 순간, 퍼즐 한 조각이 맞춰진 듯했다. 편한 길을 두고 돌아온 게 아니라, 사실은 우리가 원하던 길을 제대로 걷고 있었던 것이다. 그렇다면 이 선택을 더 진정성 있게 보여주면 되지 않을까?

우리는 패키지에 문구 하나를 넣었다. "뭘 그리 당황하시오! 온도에 따라 엿의 형태가 변하는 건 합성첨가물이 없이 건강하게 만들어졌다는 증거이니 안심하고 즐기시오!" 이 문장

엿츠 개별 포장 리뉴얼

엿츠 이야기

Q 엿츠? 엿이에요?

그렇소. 본좌는 매력만점 꽃미남 신선 기(氣)라 하오. 스트레스에 찌든 현대인들을 위해 건강한 엿을 만들어 기 좀 채워주려 하는데 어디 이 엿 한번 드셔보시겠소?

Q 엿 먹으라고요? 지금 싸우자는 건가요?

에헤이~ 싸움을 하자니 오해가 너무 심한 거 아니오? 본디 엿은 왕이 먹던 간식이자 모든 복이 철썩 달라 붙는 귀한 선물이거늘! 긍정의 기운 가득 담긴 엿 드시오~ 복을 드시오!

Q 누구한테 선물할까요?

의욕은 100점, 체력은 0점! 미스&미스터 저질체력에게 긍정에너지 엿츠로 힘찬 응원을 전하시오!

엿이 말랑말랑하고 납작해요!

뭘 그리 당황하시오! 온도에 따라 엿의 형태가 변하는 건 합성첨가물이 없이 건강하게 만들어졌다는 증거이니 안심하고 즐기시오! 냉장실에 보관했다 먹는 것도 좋은 방법이오!

엿츠 패키지 후면 표기

은 안내를 넘어서 브랜드의 태도를 보여주는 선언이었다. 우리는 숨기지 않는다. 있는 그대로 말하고, 그것을 브랜드의 개성으로 만든다.

극적인 변화가 일어났다. 여름철에도 컴플레인이 거의 사라졌고, 어떤 고객은 이런 솔직함이 재미있다며 재구매를 이어갔다. 소비자는 완벽함보다 진정성에 더 크게 반응한다는 걸 확인할 수 있었다.

또 다른 고민이 생겼다. 고급스러워 보이려고 선택했던 알루미늄 합지 포장재에 생각지 못한 문제가 발생했다. 접착제로 인한 본드 냄새가 빠지지 않았던 것이다. 초기에는 숙성 과정을 거쳐서 냄새를 빼는 방법으로 해결했지만, 생산 과정이 복잡해졌다.

더 큰 문제는 따로 있었다. 불투명한 합지 포장 때문에 소비자들이 개별 포장된 건지 끊임없이 질문했다. 제품의 가장 큰 장점인 캔디형 소포장이 전혀 보이지 않았던 것이다. 처음에는 이런 피드백이 비판처럼 느껴졌다. 하지민 시간이 지나면서 생각이 바뀌었다.

소비자 피드백은 비판이 아닌 선물이었다. 각각의 의견이 제품을 개선할 수 있는 값진 단서였다. 우리는 알루미늄 합지에서 반투명 포장재로 바꿨다. 결과는 놀라웠다. 제품의 특징이 더 잘 드러났고, 본드 냄새 문제도 자연스럽게 사라졌으며, 비용까지 절감되는 일석삼조의 효과를 얻었다.이 모든 과정을 거치며 브랜드를 보는 눈이 달라졌다. 처음엔 완벽한 제품과 완벽한 패키지, 시스템만이 답이라고 믿었고, 실패는 감춰야 할 흠이라고 생각했다. 하지만 완벽한 브랜드는 없다. 진짜 브랜드는 실패를 인정하고, 그 실패를 성장의 발판으로 삼는 브랜드다. 엿츠는 시행착오의 연속이었다. 미강 가루에서 개별 포장으로, 투명도 조정 패키지, 계절 변화에 맞춘 유연함, 소비자의 목소리가 개선의 단서로 받아들이는 태도까지, 치밀한 계획이 아니라 부딪히고 고친 경험이 지금의 엿츠를 만들었다. 실패가 두렵지 않은 이유는, 그 안에서 언제나 배움이 생기기 때문이다.

투명도 조정 리뉴얼 패키지

현실은 가장 엄격하면서도 정직한 선생님이다. 우리의 계획을 배려하지 않는다. 그래서 브랜드는 문제없는 상태가 아니라, 문제를 다루는 방식에서 완성된다. 소비자의 피드백은 비판이 아니라 성장의 선물이다. 결국 중요한 건 겸손하게 받아들이고, 상황에 맞게 유연하게 대응하는 태도다.

완벽한 브랜드는 없다. 실패를 어떻게 대하는지가 곧 그 브랜드의 진정성을 만든다.

100일 출시, 어떻게 가능했을까?

05

우리가 첫 제품을 내놨을 때, 업계 사람들이 가장 놀란 건 경험이 전혀 없는 팀이 불과 100일 만에 제품을 출시했다는 사실이었다. 요즘은 ODM 시스템 덕분에 출시 속도가 빨라진 편이지만, 그래도 통상 반년에서 1~2년은 걸린다. 특히 식품처럼 인허가와 제조 협업 과정이 복잡한 분야라면 더 그렇다.

식품 브랜드 경험이 전무했던 우리가 어떻게 100일 만에 제품을 출시할 수 있었을까? 나는 그게 빠른지도 몰랐다. 처음부터 '100일 출시'라는 목표가 있었던 것도 아니었다. 이 일이 원래 얼마나 걸리는 건지, 그게 빠른 건지, 아니면 무모한 건지조차 알지 못했다. 다만 늦어지면 안 되겠다는 생각에, 원래 4개월이던 목표를 2주 앞당겨 스스로 데드라인을 정했다. 처음 해보는 일이니 분명 예상치 못한 변수가 많을 거라 짐작했다. 그래서 애초에 일정을 타이트하게 잡았다. 초기 예상치보다 최소 30% 이상은 늘어날 거라고 각오하고 일정을 세팅했다. 콘텐츠 서비스를 기획하던 경험에 비춰 보면 언제나 일정은 늦어지기 마련이었다.

그렇다고 카운트다운을 하며 달린 건 아니었다. 매일, 내가 모르는 걸 하나씩 뚫어가며 앞으로 나아갔다. 인허가 절차, 제조 협업, 패키지 제작 같은 낯선 과정을 하나씩 해결하다 보니, 어느새 결과가 눈앞에 와 있었다. 뒤돌아보니 그 치열했던 하루하루가 곧 '100일 출시'라는 기록을 만들어낸 것이었다.

시간을 압축할 수 있었던 이유는 병렬식 업무 구조였다. 차례차례 단계를 밟을 여유가 없었다. 보통 신제품 개발은 아이디어→시장조사→사업계획→인증→시제품→양산의 순으로 진행되지만, 그렇게 하면 얼마나 시간이 더 들지 예상하기 어려웠다.

우리는 작은 회사였다. 예산이 넉넉하지 않았기 때문에, 시간을 줄이는 게 곧 돈을 아끼는 길이었다. 일정이 길어질수록 인건비와 고정비가 늘어나고, 기회비용도 커진다. 그래서 '최대한 빨리 시장에 내보내는 것'이 곧 우리에게 주어진 유일한 전략이자 방패였다. 결국 여러 과정을 병렬로 진행하며, 시간 단축을 최우선으로 삼아야 했다. 나는 아이디어와 콘셉트를 정리하고 스크리닝한 뒤부터는 모든 걸 동시에 진행했다. 시장조사하면서 제품 콘셉트를 다듬고, 사업계획을 세우며 시제품 공장 리스트를 만들고, 패키지를 구상하면서 법적 인증 서류를 준비했다. 그저 하나라도 더 앞당기자는 절박함만 있었다. 결과적으로 그 병렬적 움직임이 엄청난 힘을 발휘했다. 단계간 간섭을 줄이고, 문제 발생 시 바로 수정하고, 무너진 일정 없이 완주할 수 있었던 가장 중요한 배경이 되었다.

그 과정에 도움이 된 것은 매일 새로 쓰던 투두리스트(To-do list)였다. 우리는 장난스럽게 '투두리스트지옥'이라고 불렀지만, 사실상 매일 업데이트되는 작전표였다. 지금도 그 방식을 이어가며 브랜드 실행력을 유지하고 있다.

보통 OEM 공장 찾기부터 시제품 개발, 패키지 디자인, 인허가, 양산 준비까지 통상 6개월 이상 걸린다. 하지만 우리는 그 과정을 한 줄로 세워놓지 않았다. 공장 리서치와 서류 준비, 패키지 디자인과 시제품 개발, 양산 준비와 마케팅까지 대부분을 동시에 진행했다. 그래서 예상보다 훨씬 짧게, 100일 만에 출시까지 도달할 수 있었다.

병렬 작업의 가장 뚜렷한 장점은, 한쪽이 막혀도 다른 부분은 계속 진행된다는 것이다. 패키지 디자인에 수정이 필요해도 법적 인증 절차는 흔들림 없이 진행됐다. 이런 유연성이 전체 일정을 지켜주는 든든한 안전망이 되었다.

서비스 기획을 하며 몸에 밴 습관이 있었다. 어떤 일이든 과정을 나누고, 순서를 정리하는 것이다. 식품 개발은 처음이었지만 그 습관 덕문에 '과정은 쪼갤 수 있다'는 자신감이 있었다. 그래서 만든 게 6단계 마스터 플랜이다. 콘셉트 기획, 사업계획, 상품 기획, 시제품 개발, 제품 생산, 시장 진입의 단계를 엑셀 시트에 하나하나 채웠다. 언젠가 지인이 NPD(New Product Development, 신제품 개발)라는 시트를 보여줬는데, 놀랍게도 내가 만들던 구조와 똑같았다. 정답인 줄도 모르고 그냥 만들었는데, 알고 보니 정석이었다. 그걸 보며 엉뚱한 길을 가고 있진 않구나 싶었고, 잠시 안도할 수 있었다.

엿츠의 NPD 시트는 그저 일정표가 아니었다. 머릿속에 흩어져 있던 과정을 한눈에 정리한 지도에 가까웠다. 콘셉트 기획 단계에서는 브랜드 에센스를 세우고 제품 콘셉트를 구체화하는 일을 1주 단위로 나눴다. 사업계획에서는 시장 조사와 수익 모델 검증을 동시에 굴렸고, 상품 기획에서는 OEM 파트너 선정과 레시피 개발을 2주 안에 병렬로 진행했다. 시제품 개발에선 샘플 제작과 패키지 디자인을 나란히 일정에 묶었고, 제품 생산에서는 사진 촬영, 홈페이지 제작, 생산을 겹쳐 운영했다. 마지막 시장 진입 단계에서는 온라인몰 오픈까지 병행했다.

이 과정을 문서화해두니 생각보다 상당한 차이가 났다. 머릿속에서만 굴러가던 계획을 글로 옮기자, 보이지 않던 허점들이 드러났다. NPD 시트에는 각 작업의 담당자, 진행 상황, 데드라인, 필요한 자원까지 빠짐없이 기록했다. 덕분에 복잡한 개발 과정을 시각화할 수 있었고, 진행 상황도 한눈에 확인할 수 있었다.

무엇보다 작은 팀이었기에 이 시트의 힘이 더 컸다. 내부는 나를 포함해 고작 1~3명이었지만, 외부 디자인 회사와 OEM 파트너까지 이 시트를 함께 보며 움직였다. 모두가 같은 페이지를 공유하니 중요한 단계가 빠지는 일도 없었고, 누가, 무엇을, 언제까지 해야 하는지가 명확해졌다. 작은 팀과 파트너사가 한 몸처럼 움직일 수 있었던 건, 이 시트 덕분이었다. 덕분에 팀워크도, 속도도 훨씬 단단해졌다.

그럼에도 예상 밖의 일은 늘 어디선가 기다리고 있었다. 심각한 실수 없이 흘러갔지만, 몇 번은 아찔한 순간이 있었다. 패키지 제작 리드타임(lead time, 제작에 소요되는 전체 기간)이 그랬다. 생각보다 수정과 컨펌 과정이 길었고, 소재와 형태에 따라 시간이 크게 달라졌다. 심지어 엿츠처럼 예상치 못한 냄새 문제가 튀어나올 수도 있었다. 유리병이나 특수 소재는 제작부터 국내 운송까지 2~3주가 기본이고, 해외 제작이면 훨씬 더 길어진다. 다행히 미리 주문해둔 덕에 큰 지연은 없었지만, 그때 깨달은 덕분에 지금도 늘 조심한다.

온라인 판매를 준비하면서는 또 다른 벽이 나타났다. 결제 시스템(PG) 심사였다. 심사에 시간이 걸릴 수 있다는 걸 막바지에야 알았다. 지금은 토스페이먼츠 같은 곳에서 빠른 프로세스를 제공하지만, 그때는 미리 대비하지 않았다면 심각한 차질을 빚을 뻔했다. 식품 분야는 특히 안전과 직결돼 있기 때문에 생각지도 못한 규제나 인증 요건이 프로젝트의 속도를 가로막는다. 그래서 관련 법규와 기준은 사전에 반드시 점검해두어야 한다.

이런 시행착오는 결국 우리만의 매뉴얼을 만드는 자산이 되었다. 경험 없이 시작할 때 전체 프로세스만이라도 미리 경험할 수 있게 하는 것이 이 책을 쓰는 이유다. 그 과정을 바탕으로, 같은 실수를 줄이고 더 효율직으로 일할 수 있는 방법을 정리해보길 바란다.

가장 중요한 것은 전체적인 프로세스를 이해하는 일이다. 제품 개발의 의미 있는 흐름을 미리 파악하고 각 단계에서 어떤 일이 벌어지는지 예상해두면, 불필요한 지연을 크게 줄일 수 있다. 브랜드 에센스 정립부터 시장조사, 제품 개발, 인허가, 생산, 출시까지 모든 과정에는 반드시 필요한 시간과 준비 사항이 있다. 그것을 사전에 파악해두는 것이 효율성의 핵심이다.

특히 물리적으로 시간이 오래 걸리는 일은 가능한 한 초기에 시작해야 한다. 패키지 제작이나 결제 시스템 구축처럼 아무리 서둘러도 일정 시간이 필요한 것은 프로젝트 초반부터 착수하는 편이 안전하다. 사업자등록, 통신판매업 신고, 각종 인증 절차도 마찬가지다. 뒤로 미루면 전체 일정이 꼬이기 쉽다. 예를 들어, 온라인 판매를 계획한다면 결제 시스템 구축은 제품 개발과 동시에 진행하는 것이 훨씬 효율적이다.

투두리스트나 NPD 같은 도구를 활용해 프로젝트를 체계적으로 관리하는 것도 중요하다. 복잡한 제품 개발 과정은 작은 디테일을 놓치기 쉽다. 체크리스트로 정리해두면 막판에 잊어버리지 않을 수 있다. 특히 여러 작업을 동시에 진행할 때는 각 작업의 진행 상황과 의존 관계를 한눈에 보여주는 도구가 뚜렷한 도움이 된다.

Yutts 출시 일정표

단계	주요업무	세부업무	유관부서/	완료사항	1월				
					1주	2주	3주	4주	5주
컨셉개발 (GATE1)	브랜드/제품 컨셉확정	1차 출시 제품 기획/제품 컨셉		완료					
		Concept board 작성		완료					
		브랜드/마케팅 전략(제품확장포함) 수립	SC/AS	1월 23일			확정		
		브랜드 스토리 개발	SC/SD	1월 29일 (트리트먼트)			확정		
제품개발 (GATE2)	제품 개발	제품 모바일 개발 완료		1월 23일			개발	확정	
		시제품 생산 및 품질테스트	연구소/생산	1월 29일				테스트	
		1차 출시 제품 확정	연구소/SC/AS	1월 23일			확정		
	제품 naming	제품 naming	SC/SD	1월 30일			시안	검토	확정
	표기사항	바코드 신청		액션서플 문의					신청
		제품 전, 후면 삽입 마케팅문안 확정	연구소/SC/SD	1월 31일					시안
		표기사항확정	연구소/SC/SD	2월 1일					가안
	디자인 개발	1차 디자인시안(별 3타입)	AS	1월 25일			1차		

yutts NPD 일부

무엇보다 실수를 줄이는 것이 효율성의 핵심이다. 한 번의 실수가 몇 주, 몇 달의 지연을 가져올 수 있기 때문이다. FCM(식품 접촉 물질) 기준을 모르고 잘못된 패키지를 대량 주문한다거나, 알레르기 표기를 누락해 제품을 전량 회수해야 하는 상황은 단순한 지연이 아니라 막대한 손실로 이어진다. 이런 실수들을 방지하려면 각 단계에서 꼼꼼한 검토가 필요하다. 특히 나보다 먼저 같은 과정을 겪어본 경험자의 조언을 구하면 실질적인 도움이 된다. 완벽보다는 실행에 집중하되, 안전과 법적 요구 사항만큼은 절대 타협하지 않아야 한다.

체계적인 관리가 실수를 줄여주지만, 그렇다고 모든 상황을 통제할 수 있는 건 아니다. 아무리 철저히 준비해도, 현장에선 늘 예상치 못한 변수가 생긴다. 제품 개발은 언제나 계획을 비웃는다. 한 고비 넘기면 또 다른 고비가 온다. 하지만 병렬로 움직이고, 흐름을 투두리스트로 시각화하고, 사소한 변수까지 시뮬레이션할 수 있다면 예상보다 더 효율적으로, 더 적은 실수로 시장에서 브랜드를 꺼내 놓을 수 있다.

가장 중요한 건 완벽한 계획이 아니라 끊임없는 실행력이다. 모든 걸 알고 시작하는 사람은 없다. 나 역시 아는 것보다 모르는 게 더 많았지만, 그걸 하나씩 뚫고 나가는 과정이 결국 브랜드가 되었다. 실행이 완벽을 이긴다. 출시→피드백→개선의 순환이 곧 브랜드 성장으로 이어진다.

무엇보다 속도가 아니라 효율성이 중요하다. 하지만 준비는 되었지만 실행이 늦는 상태가 더 위험하다는 건 분명하다. 용기는 첫 실행에서 나오고, 브랜드는 그 실행을 반복하면서 만들어진다.

놓친 기회가 가르쳐준 것

06

브랜드를 운영하다 보면, 어느 날 불쑥 예상치 못한 기회가 찾아온다. 문제는 그 순간을 잡을 준비가 되어 있느냐는 거다. 준비가 안 돼 있다면, 기회는 손가락 사이로 흘러가버린다.

어느 날, 낯선 메일 하나가 도착했다. 드라마 PPL 제안이었다. 처음엔 협찬 마케팅이겠지 싶어 건성으로 넘겼다. 그런데 내용을 자세히 읽는 순간, 눈이 휘둥그레졌다. 〈태양의 후예〉, 송혜교·송중기 출연, 김은숙 작가의 사전 제작 드라마라니. 순간 심장이 뛰었다. 이 드라마에 엿츠가 나온다면? 얼마나 많은 사람이 우리 브랜드를 알게 될까? 머릿속이 복잡해졌다. 무조건 해야지 싶었지만, 곧 불안이 파도처럼 밀려왔다.

이 PPL이 성공하면, 주문은 얼마나 들어올까? 그런데 감당할 수 있을까? 생각이 거기까지 미치자, 등줄기를 타고 식은땀이 흘렀다. 문제는 비용이 아니었다. 당시 엿츠의 OEM 공장은 소규모 체제라 갑작스러운 대량 주문에 대응할 능력이 없었다. 준비가 안 된 상태에서 기회를 붙잡는 건, 기회가 아니라 오히려 위기가 될 수 있었다.

공장에 가능성을 타진해보았지만, 답은 예상과 다르지 않았다.

"그 정도 물량은 감당하기 어렵습니다. 설비 증설이 필요한데, 그건 단기간에 할 수 있는 일이 아니에요."

순간, 가슴이 철렁 내려앉았다. 기회가 코앞에 있는데, 잡을 손이 없는 기분이었다. PPL이 방영되면 주문은 폭증할 게 분명했다. 그런데 그 수요를 감당하지 못하면, 반짝 주목받는 대신 브랜드의 신뢰는 한순간에 무너질 수 있었다.

게다가 스토리 콘텐츠업계에 오래 몸담았기에 PPL이 모두 성공하는 건 아니라는 걸 누구보다 잘 알았다. 대박이 날 수도 있지만, 아무 반향 없이 지나갈 가능성도 충분히 있었다. 그런 불확실한 상황에서 공장을 설득해 생산 라인을 늘리는 건, 기회를 잡는 게 아니라 오히려 위험을 키우는 선택일 수 있었다. 우리는 밤새 고민했다. 리스크를 감수하고 도전할 것인가, 아니면 안전하게 포기할 것인가?

결국 우리는 PPL을 포기하기로 결정을 내렸다. 나중에 드라마가 방영되었을 때 그 자리는 정관장이 차지했다. 드라마가 대히트를 치자 정관장의 대표 제품은 국내외에서 폭발적인 반응을 얻었다. 면세점과 주요 매장에서 매출이 급증했고, 일부 매장은 품절 사태까지 벌어졌다. 더 놀라운 건 해외였다. 중국에서 드라마가 동시에 방영되면서 현지 소비자들까지 몰려들어, 온라인몰 판매량이 눈에 띄게 치솟았다. 드라마 속에서 송중기와 송혜교가 간식처럼 홍삼을 즐겨 먹는 장면은 그 자체로 강력한 마케팅이 됐다. 그 장면을 볼 때마다 가슴이 아팠다. 아쉬움이 밀려왔지만, 동시에 냉정한 현실도 깨달았다. 아무리 좋은 기회라도, 그것을 소화할 능력이 없다면 오히려 독이 될 수 있었다.

이 사례는 작은 브랜드가 마주하는 딜레마를 잘 보여준다. 성장을

〈태양의 후예〉 PPL 제안서

위해 기회를 잡아야 하지만, 그 기회가 너무 크면 오히려 브랜드를 위험에 빠뜨릴 수 있다. 결국 중요한 건 기회의 크기가 아니라, 그것을 감당할 준비가 되어 있는가였다. 그 사실을 우리는 뼈저리게 배웠다. 작은 브랜드들은 각자의 방식으로 이런 선택의 순간을 겪는다. 이런 사례들은 기회가 왔을 때 무조건 잡는 것보다, 적절한 성장 속도를 찾는 것이 얼마나 중요한지 보여준다. 너무 빠른 성장은 오히려 브랜드의 근간을 흔들 수 있고, 품질 관리·고객 서비스·브랜드 일관성이 희생되기도 한다. 준비되지 않은 성장은 기회를 놓치는 것보다 더 막대한 손실을 부른다. 브랜드 신뢰도 하락, 재정적 손실, 팀 소진 같은 문제까지 이어지기 때문이다.

그래서 브랜드 성장은 단계적으로 접근해야 한다. 1단계에서는 핵심 제품과 가치를 확립하고, 2단계에서는 안정적인 생산·유통 시스템을 마련하며, 3단계에서 점진적 확장을 거쳐, 4단계에서 기회를 포착하고 대응하는 것이다. 엿츠의 경우 PPL은 아직 2단계에 있을 때 찾아온 4단계 수준의 기회였다. 기회를 놓친 건 아쉬웠지만, 그 덕분에 생산 안정화에 더 집중할 수 있었다.

이후로 생산 안정성 확보에 더 많은 노력을 기울였다. 협력 구조를 다각화해 리스크를 분산하고, 물량 증가에 대비한 프로세스를 마련했다. 또 현재 최대 물량은 얼마인지, 갑작스러운 주문 증가에 어떻게 대응할 것인지, 추가 공급처는 있는지를 정기적으로 점검하기 시작했다.

PPL은 놓친 기회였지만, 그것이 가르쳐준 교훈은 엿츠의 성장을 단단하게 만들었다. 모든 기회가 좋은 것만은 아니다. 브랜드 역량에 맞는 기회를 선별해야 한다. 준비되지 않은 급성장은 독이 될 수 있고, 신뢰도에 치명타를 입힐 수 있다. 브랜드는 속도보다 방향이다. 성장은 안정성을 바탕으로 단계석으로 추진해야 한다.

가끔은 그때 엿츠가 드라마에 나왔다면 어땠을까 상상한다. 하지만 중요한 건 기회 자체가 아니라, 그 기회를 감당할 준비다. 그래서 다음 기회가 오면 준비 부족을 핑계로 포기하지 않을 것이다. 가끔 예전에 회사에 있던 사람들을 만나면, 그때는 무리해서라도 했어야 했다는 후회를 하곤 한다. 돌아보면 아쉽지만, 동시에 다음 기회를 준비하는 다짐이 되기도 한다. 기회는 또 온다. 그때는 후회하지 말자.

성장은 쌓이면
시스템이 된다

07

다양한 도전과 시행착오를 거듭하면서, 점차 우리만의 브랜드 운영 시스템을 구축했다. 시스템은 하루아침에 만들어진 것이 아니라, 수많은 경험과 배움의 결과물이다. 매일 부딪히는 문제들을 하나씩 해결하다 보니, 어느새 소중한 매뉴얼이 완성되어 있었다.

실패 경험을 정리해 회사에서 매월 초마다 보고하게 하던 페일러 노트가 늘 부담스러웠다. 한 달의 시작을 패배자로 시작하는 기분이었다. 그런 패배감 드는 기록은 우리 브랜드랑 안 맞았다. 배송이 늦었다거나, 포장이 찢어졌다거나, 맛이 변했다는 식의 일이 생기면, 우리는 서로를 탓하는 대신 이렇게 말했다. "괜찮아, 다음부터 잘하면 되지! 오히려 이런 걸 배웠으니까 담부턴 더 잘할 수 있겠네?"

그래서 성공 노트를 작성해 배움의 기회로 삼기로 했다. 초창기부터 투두리스트를 작성해서 공유하고, 그해의 이슈들을 기록하고 매년 업데이트했다. 채널별 일 매출도 꼼꼼히 기록했다. 매년 연말에는 사업계획서 외에 다음해 대예언 뉴스로 끌어당김의 법칙을 시작했다.

성공 노트의 구조는 이랬다. 상황 기록에서는 무슨 일이 일어났는가를 구체적으로 기록하고, 원인 탐구에서는 왜 그 일이 일어났는지 파악한다. 해결 과정에서는 어떻게 대응했는가를 상세히 적고, 배운 점에서는 다음에는 무엇을 다르게 할 것인가를 실용적으로 정리한다. 그러니까 성공 노트는 이 경험을 통해 얻은 점을 긍정적으로 기록하는 것이다.

특히 매일 기록한 채널별 매출 데이터가 누적되며 다음 날의 매출을 맞출 수 있었고, 실수했던 기록을 바탕으로 패키지 검수 시스템이나 업체 발굴 등 모든 것에 도움을 받을 수 있었다. 그리고 성장 기록은 특히 중요했다. 비즈니스는 숫자와 데이터만이 아닌, 사람의 성장이 담긴 여정이기 때문이다. 나중에 비슷한 상황이 오면, 그때 얻었던 인사이트를 기억하는 것이 더 현명한 판단을 내리는 데 도움이 됐다.

기록이 쌓이다 보니, 반복되는 리듬이 있었다. 실수는 우연이 아니라 시스템 부재의 결과였다. 특히 시기별 패턴이 있었다. 수능 시즌엔 항상 일정이 빡빡하고, 주문이 몰리면서 오류가 생겼다. 여름철에는 전체적으로 주문량이 줄어드는 시기적 특성이 있었다. 상황별 패턴으로는 신제품을 출시할 땐 꼭 표기 사항 오타가 발생했고, 신규 파트너와 일할 때는 커뮤니케이션 오류가 많았다. 6개월 기준으로 원인별 분석을 해보니 커뮤니케이션 문제가 42%, 체크리스트 미준수가 28%, 일정 급박으로 인한 절차 생략이 18%, 외부 변수가 12%였다. 이 데이터를 보는 순간 깨달았다. 우리에게 필요한 건 더 열심히 하는 것이 아니라, 더 똑똑한 시스템이었다. 이 패턴을 발견하는 과정에서, 처음에는 개별 사건으로만 보였던 것이 서서히 연결되면서 브랜드를 더 체계적으로 운영할 수 있는 통찰력을 얻었다.

특히 엿츠에 가장 중요한 수능 시즌의 패턴을 분석해보니 여러 이슈들이 복합적으로 작용하고 있었다. 주문량이 평소의 몇십 배 이상 몰리는 시기적 특성, 배송 지연으로 인한 고객 불만 증가, 재고 관리의 어려움, 패키지 품질 관리 이슈 등이 매년 반복되었다. 이를 바탕으로 수능 시즌 매뉴얼을 만들었다. 3개월 전부터 시작하는 상세한 투두리스트가 핵심이었다. 8월부터는 재고 확보와 OEM 공장 일정 조율, 9월부터는 패키지 품질 검수 시스템 점검과 배송업체 협의, 10월부터는 고객 응대 매뉴얼 업데이트와 비상 연락망 구축을 진행하는 식이었다.

수능 시즌 데이터로 만든 예측 시스템도 정말 유용했다. 수능 시즌에는 김장철과 빼빼로데이가 겹치면서 택배 이슈가 많이 발생한다. 처음 몇 년은 이 시기에 배송 지연으로 고생했는데, 몇 년의 데이터가 쌓이고 나니 패턴이 보이기 시작했다. 언제쯤 주문이 몰리기 시작하는지, 배송업체별로 어떤 차이가 있는지, 어느 정도 물량을 미리 준비해야 하는지 예측 가능해진 것이다. 그래서 3PL 업체를 선정할 때도 여러 택배업체와 계약된 곳을 골랐다. 한 업체에만 의존하면 그 업체에 문제가 생겼을 때 대안이 없어지기 때문이다.

한편, 데이터가 축적되니 수능 시즌 전에 제작해야 하는 패키지의 양과 엿 생산량도 어느 정도 파악이 가능해졌다. 작년보다 얼마나 더 준비하면 될지, 이 시기엔 어느 택배가 더 안정적인지 구체적인 계획을 세울 수 있었다.

실수가 반복되면 안 되니, 문제별로 즉시 대응 가능한 솔루션 카드를 만들기 시작했다. 납기 지연 발생 시에는 고객에게 선제적 연락과 사과 문자, 다음 주문 쿠폰을 제공한다. 알레르기 성분 누락 의심 시에는 원재료를 다시 점검하고 OEM 서면 확인을 받은 후 스티커 작업 매뉴얼을 발동한다. 파트너와 갈등이 생겼을 때는 회의록을 정리하고 메일로 재합의를 요청하며 필요한 경우 중재를 요청한다. 여름철 제품 변형 시에는 "뭘 그리 당황하시오!" 메시지와 제품 특성 설명, 보관법을 제공한다. 이 솔루션 라이브러리는 내가 없어도 팀원들이 대응할 수 있는 매뉴얼이 됐고, 내가 있을 땐 더 빠른 판단을 도와주는 지침서가 됐다.

대기업은 거대한 데이터 시스템과 전담 부서를 통해 품질 관리와 성장 전략을 수립할 수 있지만, 우리 같은 작은 브랜드는 그럴 여력이 없다. 그럼에도 우리만의 방식으로 시스템을 구축할 수 있었던 이유는, 당장 할 수 있는 작은 것부터 시작했기 때문이다. 그것이 3단계 성장 시스템 구축법이다.

1단계는 기록하기다. 노트 한 권과 펜 한 자루로 시작한 기록으로, 처음에는 단순한 메모 수준이었지만, 꾸준히 기록하다 보니 소중한 인사이트 데이터베이스가 되었다. 2단계는 분석하기다. 엑셀 한 장으로 시작한 솔루션 라이브러리로 반복되는 상황들의 패턴을 찾고, 효과적인 해결책을 정리했다. 3단계는 시스템화하기다. 예방 가능한 문제들을 미리 차단하고, 기회를 놓치지 않는 시스템을 만들었다. 이런 구축법은 브랜드를 성장시키는 강력한 엔진이 되었다. 중요한 것은 처음부터 완벽한 시스템을 만들려 하지 않고, 작은 것부터 시작해서 점진적으로 발전시켜나가는 것이다.

월말에는 제일 자주 겪은 상황은 무엇인지, 반복되는 실수가 있다면 공통점은 무엇인지, 잘 해결된 상황과 엉망이 된 상황의 차이는 뭐였을까를 살펴본다. 3개월에 한 번은 시스템을 업데이트한다. 새로 생긴 이슈는 수능 시즌 체크리스트에 추가하고, 효과가 없었던 대응책은 아예 빼거나 간소화하며, 잘 먹혔던 배송업체나 물량 관리 방법은 매뉴얼에 저장한다.

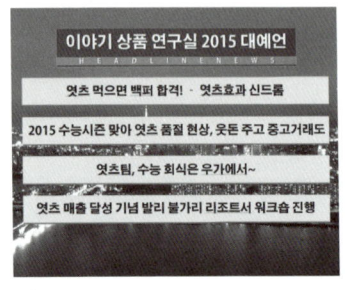

2015년 엿츠 예언 뉴스 일부

연말에는 특별한 의식이 있었다. 사업계획서와 함께 '다음해 대예언 뉴스'를 만드는 것이다. "엿츠, 2024년 수능 시즌 역대 최고 매출 기록!" "엿츠 신제품, SNS에서 화제가 되며 품절 대란!" 이런 식으로 일종의 끌어당김의 법칙을 실천했다. 이렇게 구체적인 목표를 설정하고 나면 그것을 이루기 위한 행동이 자연스럽게 따라왔다.

기록하다 보니 예상 못 한 장점들도 있었다. 처음엔 그날 망한 일, 속상했던 일, 어리숙했던 순간을 적어두는 감정 쓰레기통 같은 것이었다. 그런데 시간이 지나고 보니, 나를 꽤 많이 도와주고 있었다.

첫째, 마음이 좀 가벼워진다. 그때는 엄청 심각했던 일도 글로 정리하고 나면 이 정도면 견딜만 했다 싶어진다. 기록은 감정을 식혀주는 좋은 냉장고다.

둘째, 자신감이 쌓인다. 예전 노트를 다시 보면, 그땐 막막했던 일들도 결국 어떻게든 해결해냈다. 작은 성공이 쌓이면 근거 있는 자신감이 된다.

셋째, 팀원 교육할 때 유용하다. 신규 팀원에게 말로 설명하는 것보다 예전에 썼던 노트를 보여주는 게 훨씬 빠르다. 현실 버전 매뉴얼인 셈이다.

넷째, 신뢰는 기록에서 온다. 기록이 쌓이다 보면, 어떤 상황을 어떻게 극복했는지 근거가 생긴다. 브랜드를 소개할 때든, 협력사와 얘기할 때든, 이런 솔직한 히스토리가 오히려 신뢰를 준다.

경험은 브랜드의 진짜 자산이다. 잘 풀린 하루보다 망가진 하루, 실수한 순간, 당황했던 기억이 브랜드를 더 크게 자라게 한다. 옛츠의 시스템도 사실 거창한 기획에서 나온 게 아니었다. 그날그날 다시는 겪고 싶지 않아서 남겨둔 메모에서 시작됐다.

그래서 요즘은 문제가 생겨도 이렇게 말한다. "괜찮아, 우리 또 하나 배웠잖아." 이 말버릇이 옛츠를 여기까지 끌고 왔고, 앞으로도 계속 그럴 거다. 기록되지 않은 경험은 무의식 속에 묻혀 되풀이된다. 하지만 기록된 경험은 단점이 아니라 브랜드의 경쟁력이 된다. 어려움은 부끄러운 게 아니라, 시스템을 만드는 재료다. 실패는 피할 게 아니라, 다음에 더 잘하기 위해 기록해야 할 경험이다.

성장 노트는 단순한 기록이 아니다. 같은 실수를 반복하지 않게 해주는 나만의 매뉴얼이다. 비슷한 상황이 오면 어떻게 대응해야 할지 미리 알 수 있고, 작은 것부터 시스템화하면 브랜드는 조금씩 더 안정적으로 돌아간다. 완벽함보다 중요한 건 지속성이다. 시스템은 사람을 대체하는 게 아니라 더 나은 결정을 내리도록 돕는 도구다. 그리고 그 모든 시스템은 결국, 아주 작은 기록 한 줄에서 출발한다.

Chapter 5.

브랜딩과 패키지:

첫인상이 전부다!

소비자의 마음을 사로잡는

디자인의 힘

패키지 디자인이
브랜드에 미치는 놀라운 힘

01

작은 브랜드로서 패키지는 단순한 포장일까, 아니면 전략일까? 많은 창업자가 패키지를 마지막에 예쁘게 씌우는 것 정도로만 생각한다. 제품이 완성되고, 가격이 정해지고, 판매 채널까지 정한 다음에야 "이제 포장이나 해볼까?" 하고 뒤늦게 고민하는 경우가 많다. 하지만 실제로는 순서가 거꾸로인 경우가 훨씬 많다. 패키지는 제품을 담고 보호하는 역할에 그치지 않는다. 그것은 브랜드의 얼굴이고, 세상에 건네는 첫인사다. 특히 마케팅 예산이 넉넉지 않은 작은 브랜드에 패키지는 마케팅을 대신해주는 가장 강력한 무기다. 그런데도 많은 창업자가 제품 자체에만 몰두한 나머지, 패키지의 힘을 놓치곤 한다. 그럴수록 패키지를 바라보는 시선을 다시 정리해볼 필요가 있다.

엿츠의 모든 시작도 바로 여기서 비롯되었다. 온·오프라인 곳곳에서 "이 제품, 뭐지?"라는 관심을 끌어낸 건 결국 패키지였다. 실제로, 패키지 디자인 하나 바꿨을 뿐인데 매출이 급등한 사례를 종종 보는데, 엿츠도 그런 경험을 했다.

엿츠 출시 준비를 하던 어느 날이었다. 회사 회의실 벽에 테스트 삼아 패키지 시안을 몇 장 붙여놨는데, 우연히 방문한 한 클라이언트가 그걸 눈여겨봤다. 그분은 텐바이텐 MD였는데, 식품 담당은 아니었다. 그런데도 패키지를 유심히 들여다보며 이렇게 말했다.

"식품 담당 MD에게 꼭 소개해주고 싶어요. 이런 감성, 딱이에요."

그리고 실제로 그렇게 연결됐다. 바로 이게 좋은 패키지의 힘이다. 말로 설명하지 않아도 사람들의 호기심을 자연스레 끌어당긴다.

당시 엿 시장을 들여다보면, 대부분의 제품이 전통적이고 투박한 패키지로 유사한 느낌을 주고 있었다. 우리는 그 전통을 존중하되, 새로운 방향으로 접근했다. 세련되고 모던한 디자인으로 젊은 감각을 어필하고, 개별 포장된 캔디 형태로 기존 엿의 고정관념을 깨는 혁신을 시도했다. 제품을 출시하자마자 페이스북에 간단히 소식을 올렸는데, 텐바이텐 식품 카테고리 MD에게 바로 연락이 왔다.

내 인생 첫 MD 미팅이었다. 너무 떨려서, 이것저것 품목제조등록증, 영양성분표, 사업자등록증까지 자료를 바리바리 챙겼다. 마치 입학식 가는 초등학생처럼 들뜬 마음과 과잉 준비 상태였다. 지금도 그 순간이 사진처럼 남아 있다. 제품을 꺼내 보여주니, MD가 웃으며 이렇게 말했다.

"너무 고마워요. 수능 시즌마다 이런 상품을 찾아왔는데, 드디어 만났네요. 다음 제품도 너무 기대되네요!"

그 말 한마디에, 제품 개발하느라 밤새며 고생했던 기억이 전부 보상받는 느낌이었다. 정작 열심히 챙겨 간 서류들은 거의 펼쳐보지도 않았다. 미팅은 순식간에 흘러갔다. 브랜드 철학과 제품 이야기, 응원 메시지에 담은 진심까지 자연스럽게 주고받았고, 입점까지 일사천리로 결정됐다. 정식 촬영조차 하지 않은 제품이었는데, 텐바이텐이 자체적으로 촬영까지 해주며 상세페이지를 제작해줬다. 신생 브랜드로선 말도 안 되는 대접이었다. 그날의 미팅은 짧았지만, 나에겐 브랜드라는 꿈이 처음으로 세상에 환영받은 순간이었다. 아무도 모를 작은 브랜드에 그런 기회가 주어진 그날을 나는 아직도 잊지 못한다.

텐바이텐에 입점하자, 곧이어 편샵에서 연락이 왔다. 그리고 연이어 롯데백화점, 현대백화점, 신세계백화점에서 행사 제안이 들어왔다. 그때 유통업체들이 서로의 동향을 주시하고 있다는 점을 알았다. 어떤 브랜드가 A매장에서 잘 팔리면, B매장에서도 관심을 가지기 시작한다. 마치 저기서 성공한 상품이라면 우리도 놓치면 안 되겠다는 심리가 작동하는 것 같았다. 그리고 그들이 가장 먼저 관심을 보인 건, 제품을 맛보기도 전에 눈으로 본 패키지였다.

롯데백화점 수능 기획전 참여 (MBC 메인 뉴스 방영)

신세계 본점과 미팅하던 날, 괜히 약간 으스대며 이런 농담도 했다.

"신세계에서 제일 먼저 찾아주실 줄 알았는데, 다른 백화점들이 먼저 움직여서 조금 아쉬웠어요." 다행히 MD분이 유쾌하게 웃으며 받아주셨다. 초보 브랜드치고는 꽤 대담하고 솔직한 농담이었다. 하지만 그 말엔 진심도 조금 담겨 있었다. 브랜드만큼은 누구보다 자신 있었고, 반응도 그만큼 뜨거웠으니까.

한 백화점 행사 전날 밤, 큰 수레를 끌고 매장에 세팅하러 갔다. 다른 브랜드 관계자들이 우리를 신기한 듯 바라보며 질문했다.

"몇 년 만에 들어오신 거예요? 어느 벤더(공급업체) 통해서 들어오셨어요?"

"그냥 본사 MD가 직접 연락 주셔서요."

이 말에 다들 놀라는 눈치였다. 그때 백화점이라는 곳은 아무나 들어가는 데가 아니라는 걸 알았다. 그 높은 벽을 브랜드 에센스가 응축된 패키지로 뚫은 셈이었다. 단순한 포장이 아니라 우리의 철학과 정체성이 고스란히 담긴 결과물이었고, 그것이 사람들의 마음을 움직였다. 백 마디 설명보다 한 번의 시각적 경험이 더 강력하다는 걸 느꼈다.

엿츠의 패키지에는 브랜드 콘셉트 5가지가 모든 디테일에 스며들어 있었다. 이는 단지 슬로건이 아니었다. 긍정 에너지라는 브랜드 에센스를 어떻게 표현할지에 대한 구체적인 전략이었고, 우리가 제품을 기획하고 디자인을 만들고 마케팅 메시지를 고민할 때마다 기준이 되어준 가이드였다. 예를 들어, "시험을 엿 먹일 때"라는 네이밍은 누구에게 무엇을 말하고 싶은지를 가장 잘 보여주는 브랜드 아이덴티티였다. 이런 요소들이 엿츠만의 고유한 스토리와 정체성을 만들어냈다.

콘셉트들은 서로 따로 놀지 않았다. 오히려 서로 맞물려, 더 의미 있는 스토리를 만들어냈다. '예상치 못한 즐거움'과 '한국적 모더니즘'이 만나서 위트 있는 네이밍과 한국적이면서도 세련된 타이포그래피가 만들어졌고, '한국의 이야기'와 '건강한 달콤함'이 결합해서 효능 대신 응원과 건강함을 표현하는 방식이 탄생했다. 플레인 엿인 "체력이 엿 먹일 때"에는 "불굴의 도전정신 함유, 아침 조깅 3번 만에 철인 3종경기 완주를 꿈꾸는 레포츠 마니아를 위한 불굴의 도전정신을 첨가하였다"라는 재미있는 설명이 들어갔다. '힘이 되는 선물'이라는 콘셉트는 합격을 기원하는 마음을 담아 딱풀을 모티브로 한 딱붙 패키지 디자인으로 구현되었다.

딱붙 엿츠

브랜드 에센스가 있었기에, 패키지 하나에도 이유와 방향이 담겼다. 단순히 예쁘게 만드는 게 아니라, 우리가 전달하고 싶은 이야기는 무엇인지, 어떻게 시각화할 것인지 구체적인 미션이 있었던 것이다.

이런 기회들이 운이었다고만은 생각하진 않는다. 엿츠 패키지를 준비할 때, 우리는 나름대로 이유 있는 선택을 했고 그게 사람들에게 닿았다고 생각한다.

첫 번째, 차별화된 콘셉트가 있었다. 그 시절 엿 시장을 검색해보면, 대부분의 제품이 한결같았다. 투박하고, 전통적이고, 어딘가 비슷한 느낌의 붉은색 한지 스타일이었다. 오래된 브랜드들이 많았지만, 그만큼 비슷비슷한 느낌도 가득했다. 우리는 그 전통을 부정하고 싶진 않았지만, 그대로 답습하고 싶지도 않았다. 그래서 모던하고 도시적인 엿을 만들고 싶었다. 응원하고 싶은 마음을 담되, 부담스럽지 않은 말투로, 선물하고 싶은 느낌이 드는 패키지를 만들고 싶었다. 그리고 그 방향이 통했던 것 같다. 그 디자인 하나로 텐바이텐도, 백화점도 문을 열어줬으니까.

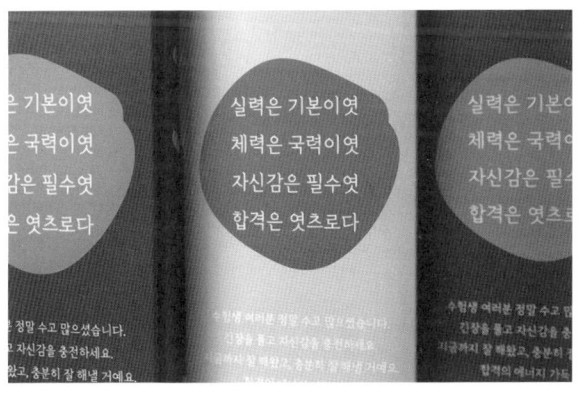

엿츠 힘내세엿 세트 패키지

두 번째, 명확한 타깃과 용도가 있었다. 처음부터 누가, 언제 사서, 누구에게 줄 것인가를 계속 생각했다. '수험생에게 주는 선물'이라는 콘셉트는 너무나 분명했기 때문에, 패키지 문구도 자연스럽게 TPO(Time, Place, Occasion: 시간·장소·상황)에 맞춰 네이밍했다. 수능, 시험 응원이라는 명확한 용도와 메시지가 패키지에서 바로 읽혔다. 그 메시지는 인쇄된 문장 이상의 의미가 있었다. 우리는 잘 만든 제품이 아니라, 누군가를 위로하는 선물을 만들었다.

세 번째, 스토리텔링이 가능한 디자인이었다. 엿츠의 패키지는 설명하지 않아도 뭔가 말하는 느낌이 들었다고 했다. 패키지만 봐도 브랜드의 철학과 가치를 느낄 수 있었다. 긍정 에너지, 응원 메시지, 젊은 감각이 시각적으로 잘 표현되어 있었다. 어떤 고객은 친구한테 주려고 샀는데 자신이 더 감동받았다는 메시지를 보내오기도 했다. 카카오톡 선물하기에 들어갔을 땐, 아예 '응원'이라는 카테고리에 들어갔다. 패키지의 일러스트, 컬러감, 문장 톤까지 모두 좋은 기운을 나누고 싶어 한다는 느낌을 주고 싶었다. 그 마음이 전해졌던 것 같다.

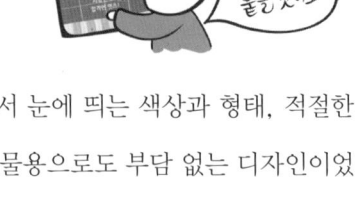

네 번째, 진열과 판매를 고려한 실용성이 있었다. 디자인이 멋져도 진열이 안 되면 아무 소용 없다. 매장에서 눈에 띄는 색상과 형태, 적절한 크기와 무게로 진열하기 좋았고, 선물용으로도 부담 없는 디자인이었다. 그래서 눈에 잘 띄는 컬러, 한 손에 들기 좋은 크기, 쌓기 쉬운 구조, 유통기한 표시 공간까지 꼼꼼히 챙겼다.

특히 딱풀을 모티브로 한 딱붙 패키지는 포장을 넘어서, 수험생들이 엿을 다 먹고 난 후에도 케이스를 책상 위에 올려두고 수납함으로 썼다. 그러면서 마치 부적처럼 긍정 에너지를 발산하는 도구가 되었다. 우리가 만든 건 포장지가 아니라, 상품의 일부이자 첫인상을 결정하는 요소였다. 예쁘지만 쓸모 있는 패키지는 작은 브랜드로서 가질 수 있는 힘 중 하나였다.

대기업은 광고를 하고, 셀럽을 섭외하고, 대형 채널을 장악할 수 있다. 하지만 우리에겐 그런 예산이 없었다. 대신 단 3초간 고객의 눈길이 머무는 패키지가 있었다. 그 짧은 순간에 브랜드의 태도와 결이 드러난다. 그러므로 패키지는 제품의 일부이자 소비자에게 건네는 첫 장면이었다. 말보다 먼저 닿는 언어였다. 엿츠의 작은 진심이 패키지를 통해 전해졌고, 그 진심이 도미노처럼 기회를 불러온 것이다.

엿츠, 오프라인 진열 상태

디자인 아이디어는
의외의 곳에서 나온다

02

패키지 디자인을 시작하려고 하면 가장 먼저 드는 생각이 "어디서부터 시작하지?"다. 내가 좋아하는 건지, 고객이 좋아할지, 트렌드에 맞는지 등등, 고민이 꼬리에 꼬리를 문다. 핀터레스트만 봐도 예쁜 패키지는 넘쳐난다. 하지만 패키지는 단순한 시각적 장식이 아니다. 재질이 주는 감촉, 크기와 형태, 개봉할 때의 느낌, 표기 정보의 배열 등의 요소들이 모여 브랜드의 첫인상을 만든다. 좋은 아이디어는 결국 화면이 아니라 현장에서 얻어지는 경우가 많다. 직접 부딪혀봐야 한다.

그렇다면 어디서부터 살펴봐야 할까? 힌트는 늘 돈이 많이 쓰이는 곳에 있다. 패키지 아이디어의 출발점은 경쟁사를 조사하는 것이지만, 문제는 어디서 하느냐다. 동네 마트가 아니라, 가장 비싸고 까다로운 곳부터 살폈다. 백화점이나 고급 식자재 매장, 마켓컬리처럼 온라인이지만 큐레이션이 까다로운 곳도 포함시켰다.

왜 이런 곳부터 갔을까? 고급 매장에는 패키지에 돈을 가장 많이 투자한 브랜드들이 모여 있다. 최신 트렌드와 고급 소재 사용법을 한눈에 볼 수 있고, 진열 방식, 색상 조합, 크기 구성을 실제로 확인할 수 있다. 가격대별로 어떤 전략을 쓰는지도 알 수 있다. 처음엔 우리 제품이 저기까지 갈 수 있을까 싶었는데, 실제로 가보니 힌트가 가득했다.

매장을 돌아다닐 때는 대충 보면 안 된다. 나는 패키지 외관부터 꼼꼼히 메모했다. 어떤 색상이 눈에 가장 먼저 들어오는지, 어떤 크기와 모양이 진열대에서 돋보이는지, 텍스트와 이미지의 비율은 어떻게 배치했는지, 뒷면 표기 사항은 어떻게 정리되어 있는지까지 살펴본다. 제조업체 정보를 통해 어떤 OEM 공장을 쓰는지도 파악했다.

진열 환경도 중요하다. 세로로 세워두는지, 가로로 쌓아두는지, 다른 제품들과 함께 놓였을 때 어떻게 보이는지, 조명 아래에서 어떤 소재가 가장 매력적으로 보이는지도 살핀다. 가격대별 전략도 분석했다. 저가 제품은 어떤 방식으로 어필하는가, 고가 제품은 어떤 요소로 프리미엄감을 주는가, 비슷한 가격대에서 차별화는 어떻게 하는가 등등.

실제로 청담 SSG에서 수입 제품 코너를 보다가 깜짝 놀란 적이 있다. 동일한 제품류인데, 어떤 건 3만 원, 어떤 건 15만 원이었다. 뭐가 다른지 보니, 패키지가 완전 달랐다. 패키지가 브랜드의 정체성을 표현하는 중요한 수단이라는 다시금 깨달았다.

하지만 매장에서 보이는 건 겉면뿐이다. 손에 닿은 뒤의 반응은 다른 곳에서 확인해야 한다. 매장 조사가 트렌드를 알려준다면, 온라인 리뷰는 진짜 니즈를 알려준다. 내가 파헤친 리뷰 사이트들은 네이버 쇼핑 리뷰가 가장 솔직했고, 쿠팡 리뷰는 실용성 중심이었다. 카카오 선물하기 후기는 감성적 반응을, 인스타그램 해시태그는 시각적 임팩트를 보여줬다. 여기서 찾는 건 상품 평가가 아니라 패키지에 대한 반응이다.

실제 리뷰에서는 포장이 예뻐서 기분이 좋아졌다는 긍정적인 반응도 있었고, 뜯기가 불편했다는 불만도 반복적으로 나타났다. 소비자들이 패키지에서 진짜로 느끼는 점이었다. 긍정 반응에서는 포장을 뜯는 순간의 기분 좋은 경험이 중요하고, 재사용할 수 있는 용기에 대한 높은 만족도, 개별 포장의 편의성에 대한 감사 표현, 선물하기 좋은 크기와 무게감에 대한 언급이 많았다. 부정 반응에서는 개봉의 어려움이 가장 큰 불만이었고, 과대포장에 대한 환경적 우려, 내용물이 보이지 않아서 생기는 불안감, 진열 시 쓰러지거나 망가지는 구조적 문제 등이 있었다.

이렇게 얻은 통찰은 곧바로 개발 과정에 반영됐다. 엿츠 개발 시에도 다른 브랜드 리뷰에서 개별 포장인 줄 몰랐다는 댓글을 자주 봤다. 그래서 패키지를 살짝 투명하게 해서 안이 보이도록 했다. 그랬더니 하나씩 포장되어 있어서 좋다는 리뷰가 많이 달렸다.

미강 가루 아이디어는 일본 편의점에서 엿과 비슷한 제품을 보다가 발견했다. 끈적한 과자 사이사이에 뿌려진 하얀 가루가 있었다. 매장 직원에게 물어보니 쌀겨 가루라고 했다. 이는 엿츠 초기 버전의 핵심 아이디어가 됐다.

개별 포장의 정교함도 인상적이었다. 일본은 개별 포장 기술이 정말 발달해 있었다. 하나하나 뜯는 재미, 휴대의 편리함, 위생적 관리까지, 이런 디테일에서 얻은 아이디어가 나중에 엿츠 개발에 많은 영향을 줬다. 색상과 폰트의 조화도 배울 점이 많았다. 일본 제품들은 색상 조합이 정말 세련됐다. 특히 전통과 모던을 섞는 방식이 인상적이었다. 한국의 전통 식품을 어떻게 현대적으로 표현할지 힌트를 얻었다.

일본 출장 정리 자료

하지만 트렌드는 늘 이동한다. 요즘은 트렌드 중심지가 조금 달라졌다. 식품 마케터들이 자주 찾는 곳들을 추천하자면 서울의 성수, 연남, 한남동이 있다. 요즘 가장 핫한 패키지 트렌드는 서울에 있다. 성수동 카페들, 연남동 로컬 브랜드들을 참고하면 좋다. 방콕은 동남아시아 트렌드의 중심지로 컬러풀하고 대담한 디자인 아이디어를 얻을 수 있고, LA나 포틀랜드는 건강식품, 오가닉 패키지 트렌드와 친환경 소재 활용법을, 런던은 프리미엄 식품 패키지의 메카로 미니멀하면서도 고급스러운 디자인을 볼 수 있다.

현지 조사를 할 때는 망설이지 말고 사진을 많이 찍어둬야 한다. 눈에 띄는 패키지, 특이한 소재, 조화로운 색감, 사고 싶은 디자인 등 일단 다 담아둔다. 지금도 나는 그때 찍어둔 사진들을 패키지 아이디어 회의에서 자주 꺼내본다. 단, 사진만으로는 부족하다. 몇 개는 실제로 사서 뜯어보며 개봉감, 무게감, 소재감을 직접 느껴야 진짜 아이디어가 나온다. 현지인과의 짧은 대화도 실질적인 도움이 된다. 매장 직원이나 다른 고객에게 인기 많은 제품만 물어봐도 우리가 놓친 관점을 발견할 수 있다. 이렇게 찍은 사진은 분류하고 제품 샘플은 기록해두면, 시간이 흘러도 아이디어의 원천으로 다시 살아난다.

그런데 한 가지 더 중요한 팁이 있다. 장소를 넓혔다면, 이제 범주도 넓혀야 한다. 정답은 종종 다른 분야에서 찾곤 한다. 그런데 많은 사람이 이 중요한 사실을 놓친다. 같은 카테고리만 들여다보면 결국 비슷한 아이디어만 반복된다. 아이디어를 찾을 때는 물성은 같지만 전혀 다른 카테고리를 참고해보자. 엿츠의 조청을 개발할 때도 꿀, 잼, 소스, 시럽 같은 식품뿐 아니라 치약, 화장품까지 살펴봤다. 꿀에서는 용기와 뚜껑 구조를, 소스에서는 개봉 편의성과 보관법을, 시럽에서는 점도 있는 제품의 포장 기술을, 치약에서는 튜브 용기의 실용성을, 화장품에서는 색상 조합과 프리미엄감 표현 방식을 관찰했다. 실제로 그대로 가져다 쓰지는 않았지만, 이런 관찰이 새로운 아이디어의 원천이 되었다.

그 관찰은 구체적인 선택으로 이어졌다. 특히 조청의 경우 기존에는 잼처럼 유리병에 담는 경우가 많았다. 하지만 냉장 보관 시 단단해져서 바로 쓰기 어렵고, 숟가락을 쓸 때마다 이물질이 묻어 위생적으로 사용하기 힘들었다. 그래서 치약에서 아이디어를 얻어 튜브형 조청을 선보였다. 짜서 쓰는 방식 덕분에 훨씬 위생적이고, 휴대성도 좋아졌다. 물론 직접 발품을 팔기 어려운 상황도 있다. 요즘은 굳이 해외까지 나가지 않아도 온라인으로 많은 걸 볼 수 있다. 핀터레스트는

튜브형 조청 출시

패키지 아이디어의 보고다. packaging design, food packaging, premium packaging 같은 키워드로 검색하면 무한 영감을 얻을 수 있다. 인스타그램에서는 해시태그로 검색해서 실제 소비자들이 올린 언박싱 영상을 찾아보면 유용하다. 해외 온라인몰인 아마존에서는 다양한 패키지 스타일을, 엣시(Etsy)에서는 개성 있는 소규모 브랜드들을, 일본 라쿠텐에서는 세련된 패키지 디자인을 볼 수 있다. 디자인 포트폴리오 사이트인 Behance, Dribbble, Designspiration도 좋은 참고 자료다.

플랫폼을 훑었다면, 이제 트렌드를 알아야 미래를 준비한다. 패키지 아이디어를 찾을 때, 예쁜 것만 보면 안 된다. 요즘은 친환경이 선택이 아니라 필수다. 요즘 소비자들이 원하는 것은 분리수거하기 쉬운 구조, 재활용 가능한 소재, 과대포장 지양, 재사용 가능한 용기다. 실제로 찾아본 친환경 패키지 트렌드를 보면 종이 소재가 늘어나고 있는데

재생지가 오히려 더 비싸다. 플라스틱 사용량은 최소화하고, 컬러 인쇄를 줄이고 단색 위주로, 접착제 대신 물리적 결합 방식을 쓰는 경향이 있다.

동시에 고급스러움도 달라졌다. 예전엔 번쩍번쩍한 게 고급스러웠다면, 요즘은 미니멀하고 심플한 게 더 고급스럽다고 느낀다. 로고 크기를 줄이고, 여백의 미를 활용하며, 단순한 색상 조합과 질 좋은 소재감을 추구한다.

도구가 갖춰졌다면, 태도로 완성한다. 아이디어 헌팅의 핵심 마인드는 이렇다. 첫째, 일단 많이 본다. 좋은 아이디어는 양에서 나온다. 100개 보면 하나는 건질 게 있다. 둘째, 완전히 다른 분야도 봐야 한다. 우리 업계만 보면 뻔한 결과만 나온다. 전혀 관련 없어 보이는 분야에서 보물을 찾을 수 있다. 셋째, 기록하고 정리한다. 아무리 좋은 아이디어도 기록하지 않으면 사라진다. 귀찮아도 사진 찍고, 메모하고, 정리하자. 넷째, 고객의 관점에서 살펴본다. 내가 이걸 받으면 어떨까? 선물로 주고 싶을까? 다시 사고 싶을까?

아이디어는 하늘에서 떨어지지 않는다. 발품을 팔고, 잘 살펴보고, 손으로 만져보고, 머리로 조합해야 나온다. 다음번엔 책상에서 머리 쥐어짜지 말고, 밖으로 나가보자. 세상은 아이디어로 가득하다.

디자이너와 소통하는
브리핑의 기술

03

　패키지 아이디어를 충분히 모았다면, 이제는 실제 디자인을 만들어야 한다. 대부분의 소규모 브랜드는 자체 디자이너가 없으니 외부 디자이너나 에이전시에 맡긴다. 엿츠는 운이 좋아서, 디자인과 브랜딩을 함께하는 전문 회사 액션서울과 협업할 수 있었다. 우리는 디자인적으로 그들을 전적으로 신뢰했고 따랐다. 특히 액션서울은 여러 지역과 특산품을 현대적으로 풀어내는 브랜딩 경험이 많아, 우리 브랜드에도 딱 맞는 파트너였다. 예쁜 디자인을 넘어, 우리가 말하고 싶은 이야기를 제대로 시각화해줬다. 지금 생각해도 감사한 인연이었다.

　물론 모든 브랜드가 전문 에이전시와 협업할 수 있는 건 아니다. 여건상, 대부분은 프리랜서 디자이너나 소규모 스튜디오와 작업한다. 그런데 바로 이 지점에서 많은 브랜드가 어려움을 겪는 것 같다.

"퀄리티 있게 예쁘게 해주세요."

"트렌디하고 감성적으로 부탁드려요."

"다른 브랜드보다 임팩트 있게요."

　이렇게 막연하게 의뢰하다가 결과물을 보고 실망하는 경우가 많다. 그런데 퀄리티 있게, 예쁘게, 트렌디하게라는 말이 도대체 무슨 뜻일까? 디자이너가 초능력자도 아닌데, 어떻게 우리의 머릿속을 그대로 읽어낼 수 없다. 주변을 보면 이런 일이 정말 많다. 디자이너가 우리 의도를 전혀 모른다고 하소연하는 창업자들을 자주 만난다. 디자이너와의 소통은 감이 아니라 기술이다. 그 기술만 익히면, 의외로 원하는 결과물을 얻는 건 훨씬 쉬워진다.

먼저 디자이너는 마법사가 아니라는 것을 인정해야 한다. 돈을 맡기면 저절로 멋진 결과물이 나온다는 건 착각이다. 그들은 우리의 생각을 시각 언어로 번역하는 번역가다. 그런데 애매하게 말하면서, 정확한 번역을 기대해선 안 된다. 디자이너가 잘 일할 수 있게 하려면 명확한 정보, 구체적인 방향성, 충분한 레퍼런스, 현실적인 예산과 일정이 필요하다. 반대로 디자이너가 해줄 수 없는 것도 있다. 브랜드 콘셉트를 대신 정해주거나, 타깃 고객을 대신 분석해주거나, 마케팅 전략을 대신 세워주거나, 우리 머릿속의 생각을 읽는 것이다.

좋은 디자인은 브리핑에서 결정되는 경우가 많다. 브리핑이 엉성하면, 아무리 실력 있는 디자이너라도 좋은 결과물을 낼 수 없다. 한 브랜드에서 디자인 의뢰를 하며 디자이너에게 "쿠키인데, 젊은 감각으로 부탁드려요. 고급스럽게요"라고 부탁했다. 그런데 결과물을 받고 보니 색깔도 어중간하고, 폰트도 어중간하고, 전체적으로 뭔가 이상한 느낌이 들었다고 한다. 원하는 것을 구체적으로 말하지 않았기 때문이다. 두 번째 시도에서 같은 디자이너에게 다시 요청했는데, 이번에는 타깃을 20~30대 직장인, 가족을 위한 선물용으로 명확히 짚었다. 따뜻하지만 세련되고, 전통의 감성을 현대적인 시선으로 재해석한 키워드로 정리했다. 참고 이미지로는 10개 브랜드의 패키지 사진을 건넸고, 특정 색상이나 과도한 장식을 금지 사항으로 못 박았다. 그 결과는 완전히 달랐다. 원하던 바로 그 느낌이 나온 것이다.

내가 경험을 통해 꼭 필요하다고 느낀 좋은 브리핑을 위한 7가지 요소가 있다. 이것만 정확히 전달해도 원하는 결과에 훨씬 가까워질 수 있다.

첫 번째는 제품 정보다. 디자이너에게 가장 기본이 되는 재료다. 제품명의 정확한 표기법, 식품 유형과 보관 방법, 유통기한까지 제공하는 게 좋다. 내용량이나 크기는 패키지의 사이즈를 결정하고, 가격대로 허용할 수 있는 디자인 수준과 사용할 수 있는 소재 범위가 정해진다. 여기에 더해 판매 채널이 온라인인지 오프라인인지, 백화점 같은 고급 매장인지 대형마트인지, 혹은 선물용으로 진열할 것인지 일상적으로 쌓아둘 것인지도 함께 알려주는 게 좋다. 보관 환경 역시 중요하다. 상온인지 냉장인지, 직사광선을 피해야 하는지 같은 조건에 따라 소재와 구조가 달라지기 때문이다. 예를 들어, "엿츠, 기타엿류, 25g ×10개입, 15,000원대. 온라인과 백화점에서 판매, 선물용 박스 형태로 세워서 진열, 상온 보관, 직사광선 피함"이라고 하면, 디자이너는 이런 구체적인 정보를 바탕으로 비로소 브랜드가 살아 숨 쉬는 패키지를 만들 수 있다.

두 번째는 브랜드 에센스다. 제품의 껍데기를 디자인하는 일이 아니라, 그 안에 담긴 태도를 어떻게 시각화할 것인가의 문제다. 그래서 디자이너에게는 브랜드가 가진 가치와 철학을 짧게 정리해주는 게 필요하다. 핵심 메시지를 한 문장으로 요약하고, 브랜드의 성격을 형용사 몇 개로 표현하면 디자이너는 그 뉘앙스를 잡을 수 있다. 고객에게 전하고 싶은 경험이나 감정도 함께 담아야 한다. 만약 기존의 로고나 색상 가이드라인이 있다면 함께 제공하고, 브랜드가 어떤 어조로 말하는지를 알려주는 것도 도움이 된다. 예를 들어, "옛츠는 긍정 에너지를 나누는 브랜드. 성격은 따뜻하고, 응원하며, 세련되고, 친근하다. 고객에게 주고 싶은 경험은 응원받는 기분과 힘이 나는 느낌. 톤은 반말에 가깝게 친근하면서 격려하는 말투"로 정리하면 디자이너는 이 브랜드가 어떤 얼굴을 가져야 하는지 이해할 수 있다.

세 번째는 타깃 고객이다. 브랜드가 누구에게 말을 거는지 알지 못하면 디자인은 쉽게 공허해진다. 연령대, 성별, 직업, 소득 수준 같은 기본 정보도 필요하지만, 더 중요한 건 라이프스타일과 관심사, 그리고 어떤 순간에 제품을 고르는가 하는 구체적인 장면이다. 예를 들어, "1차 타깃은 25~35세 직장인 여성. 중산층으로 센스 있는 선물과 트렌디한 것에 관심이 많고, 구매 시나리오는 수능 앞둔 조카나 후배에게 응원 선물로 주는 것. 2차 타깃은 20~25세 대학생. 자기 간식용으로 사며, 개별 포장을 선호하고 휴대 편의성을 중시한다"라고 정리하면 디자이너는 머릿속에 명확한 '고객의 얼굴'을 떠올리며 디자인할 수 있다.

네 번째는 경쟁사와 차별화 포인트다. 디자인은 언제나 비교 속에서 빛난다. 그래서 주요 경쟁 브랜드 3~5개를 꼽아, 각 패키지의 특징과 장단점을 살펴보는 게 좋다. 여기서 중요한 건 좋은 점만 보는 게 아니라, 우리가 피하고 싶은 스타일까지 분명히 짚는 것이다. 그다음은 우리만의 강점을 정리한다. 경쟁사와 나란히 놓였을 때 어떤 부분에서 눈에 띌 수 있을까? 어떤 감각을 더 세련되게, 혹은 더 따뜻하게 보여줄 수 있을까? 예를 들어, 기존 전통 간식 브랜드들의 패키지가 대체로 투박하고 빨간색 위주라면, 우리의 차별화는 모던한 디자인과 개별 포장, 응원의 메시지 같은 감성적 요소가 될 수 있다. 결국 강조점은 젊은 감각, 선물에 특화된 기획, 트렌디함이다.

다섯 번째는 기능적 요구 사항이다. 패키지는 예쁘기만 해서는 안 된다. 사용하는 순간의 경험까지 설계해야 한다. 그래서 구조, 표기, 소재의 관점이 필요하다. 먼저 구조는 어떻게 열리고 닫히는가가 중요하다. 뜯기 편한 개봉 방식, 필요하다면 지퍼백 같은 재밀봉 기능, 위생성과 휴대성을 고려한 개별 포장이 여기에 해당한다. 표기 정보에는 법적으로 반드시 담아야 하는 사항이 있고, 그 위에 브랜드가 강조하고 싶은 메시지를 어떻게 얹을지도 고민해야 한다. 경우에 따라 QR코드나 고객센터 정보처럼 추가 소통 창구를 넣는 것도 좋다. 또한 예산 안에서 가능한 재질을 찾고, 친환경 소재를 고려할지 여부, 장기간 보관에 필요한 내구성과 안전성까지 따져보는 게 좋다. 결국 기능적 요구 사항은 "소비자가 손에 쥐고 실제로 사용할 때 어떤 경험을 할까?"를 묻는 과정이다.

여섯 번째는 예산과 일정이다. 예산은 디자인비와 제작비를 구분해서 고려해야 한다. 디자인비는 디자이너의 작업 범위(로고 보정, 시안 수, 패키지 구조 반영 여부 등)에 따라 달라질 수 있고, 제작비는 인쇄와 후가공, 소재 선택에 따라 크게 변동된다. 따라서 발주자는 처음부터 현실적인 범위를 설정해두는 게 좋다. 그래야 디자이너와 조건을 명확히 합의할 수 있고, 괜한 기대치나 갈등을 피할 수 있다. 예산을 지나치게 낮게 잡으면 좋은 디자이너를 만나기 어렵고, 반대로 너무 넉넉하게 잡으면 불필요한 기대치가 생길 수 있다. 일정은 시안 완성까지 필요한 기간, 수정 가능 횟수와 기간, 최종 파일 전달 데드라인을 구체적으로 잡아야 한다. 또, 인쇄와 제작 일정은 디자이너의 영역이 아니므로, 디자인이 마무리되는 시점까지의 스케줄만 명확히 합의하는 것이 좋다.

　일곱 번째는 레퍼런스(참고 자료)와 무드보드(Mood board)다. 이 단계는 패키지 디자인 의뢰에서 가장 중요한 부분 중 하나다. 말로 설명하기 어려운 '느낌'을 시각적으로 전달할 수 있기 때문이다.

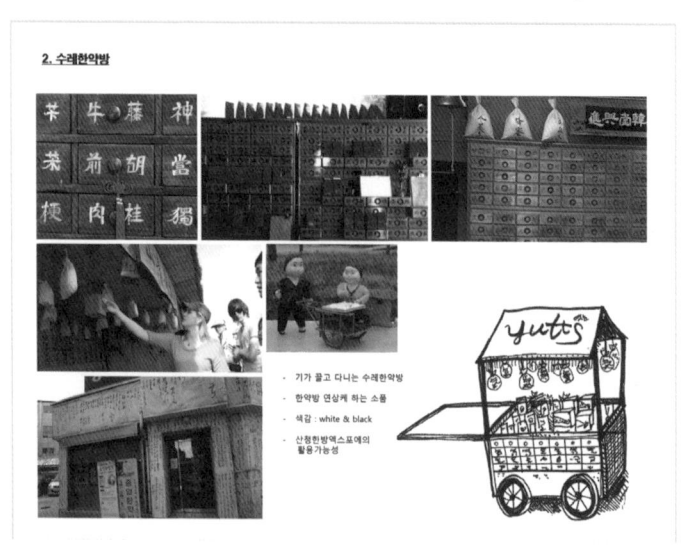

엿츠 판매대 무드보드-약장 모티브 리어카 콘셉트

무드보드란 원하는 디자인 방향을 이미지로 정리한 자료다. 미용실에서 원하는 헤어스타일을 한 연예인 사진을 보여주는 것과 같다. 무드보드는 말보다 빠른 소통 도구다. 복잡한 설명 없이도 원하는 분위기를 한눈에 보여줄 수 있다. 무드보드를 만들 때는 마음에 드는 패키지 디자인 5~10개를 모으고, 색상 조합이나 폰트, 타이포그래피 스타일, 일러스트나 그래픽 스타일 등을 함께 정리한다. 핀터레스트나 비핸스 같은 플랫폼에서 이미지를 수집해도 좋고, 실제 이미지를 오려 붙여 물리적인 보드를 만들어도 된다. 중요한 건 원하는 방향을 시각적으로 일관되게 보여주는 것이다.

무드보드는 디자이너와 가장 효과적으로 소통할 수 있는 도구지만, 사실 팀 내부 소통에도 상당한 도움이 된다. 예를 들어, 엿츠는 키워드를 '모던, 내추럴, 위트'로 정했는데, 막상 각자 머릿속에 떠올리는 이미지는 조금씩 달랐다. 그래서 아이디에이션 단계에서 각자 무드보드를 만들어 와서 공유했고, 그 과정을 통해 공통의 이미지를 만들어낼 수 있었다. 이렇게 내부에서 먼저 합의점을 찾으면, 외부 디자이너와 소통할 때 훨씬 더 정확하고 효율적으로 협업할 수 있다.

패키지 제작할 때
절대 놓치면 안 되는 것들

04

디자인 파일은 끝이 아니라 시작이었다. 공장에 들어서면, 화면 속에서는 보이지 않던 변수들이 하나둘 고개를 들었다. 인쇄 색감이 화면과 다르게 나오거나, 재질 때문에 원치 않는 냄새가 배어 나오거나, 열기 편해야 할 포장이 오히려 고객의 손을 다치게 하는 경우도 있다. 이런 문제는 디자인 단계에선 잘 보이지 않는다. 나 역시 엿츠를 준비하면서 크고 작은 난관을 수없이 마주했다. 그때마다 통장 숫자가 빠르게 줄어들었고, 밤마다 뒤척이며 해결책을 고민하곤 했다. 그 과정에서 정말 많은 걸 배웠다.

엿츠의 경우, 앞서 잠깐 언급했던 패키지 냄새 문제가 대표적이다. 알루미늄 합지 패키지를 선택했을 때 접착제 냄새가 남는 문제가 발생했다. 다행히 출시 전에 발견해서 숙성 과정을 거쳐 해결할 수 있었지만, 만약 그대로 넘어갔다면 치명적인 문제가 되었을 것이다. 이 경험에서 얻은 교훈은 단순하다. 새로운 소재를 사용할 때는 반드시 실제 샘플로 충분히 테스트가 필요하다는 것이다. 단순히 예쁘고 비용이 괜찮다는 이유만으로는 부족하다. 냄새, 개봉감, 보관성까지 모두 확인하고, 제작 일정에는 '예상치 못한 변수'를 감당할 수 있는 여유 시간을 꼭 포함하는 게 좋다.

특히 첫 패키지는 안정화 전 단계로, 사실상 '테스트 버전'이다. 그래서 섣불리 큰 비용을 쓰기가 망설여진다. 이유는 간단하다. 패키지는 소재에 따라 MOQ가 천차만별이기 때문이다. 어떤 곳은 100개 단위로도 제작해주지만, 어떤 곳은 3만 장 이상을 요구하기도 한다. 엿츠도 처음엔 500개 정도만 찍어보고 싶었다. 하지만 업체에 문의할 때마다 돌아온 답은 최소 3~5만 장이었다. 혹시라도 문제가 생기면, 수만 장을 통째로 버려야 할 수도 있었다. 돈의 문제를 넘어, 시간과 마음까지 무너질 수 있는 일이었다.

첫 제작은 MOQ가 작은 방식으로 시작한다. 실패했을 때 되돌릴 수 있는 여지를 남겨두는 것이 초창기 브랜드에는 가장 중요한 안전망이다. 문제는 대부분의 초보 브랜드가 그 앞에서 쉽게 주저앉는다는 점이다. 그렇다면 MOQ 부담을 줄이는 방법은 무엇일까? 오프셋 인쇄는 MOQ가 크지만, 디지털 인쇄는 소량 제작이 가능하다. 장당 단가는 조금 비싸지만, 초기 테스트용으로는 훨씬 유리하다. 기성품 패키지를 활용하는 방법도 있다. 완전 맞춤 제작 대신, 기존 패키지에 스티커를 붙이는 방식이다. 커스터마이징은 제한적이지만 MOQ를 크게 줄일 수 있다.

소재를 선구매한 후 분할 인쇄하는 방법도 있다. 드물지만, 소재를 미리 확보해두고 필요할 때마다 나누어 인쇄하는 방법이다. 단, 거래처와의 신뢰가 있어야 가능하다. 엿츠도 실제로 거래처에서 해외 수입지가 오르기 전에 미리 확보하자고 제안해줬고, 덕분에 원자재 가격 상승을 피하면서 필요한 만큼만 인쇄할 수 있었다. 하지만 국내에서만 답을 찾을 수 있는 건 아니다.

또 다른 선택지로 해외 제작을 고려해볼 수도 있다. 해외 패키지는 비용 면에서 유리한 조건일 수 있다. 하지만 그만큼 하나하나 해결해야 할 과제가 많아서, 초보자에겐 오히려 복잡한 선택이 된다. 예를 들어, 통관 절차와 비용은 생각보다 까다롭고, 서류 하나만 누락돼도 몇 주씩 지연될 수 있다. 품질 관리 역시 쉽지 않다. 대행업체를 쓰면 해결되기도 하지만, 그 경우엔 국내 제작 상품과 가격 차이가 거의 나지 않는다. 게다가 패키지는 식품과 직접 닿는 식품접촉물질(FCM)에 해당되기 때문에, 국내 기준을 충족하지 못하면 전량 폐기나 재작업을 각오해야 한다. 이런 점을 종합하면, 비용만 보고 시작하기에는 위험 요소가 많다. 초보라면 일단 국내부터 시작하는 게 무난하다. 경험이 쌓이고 물량이 커진 다음에 해외를 고려하는 게 현명하다.

패키지 업체를 정하고 나면 이제 본격적인 제작 과정이다. 이 단계에선 미처 예상하지 못했던 현실적인 문제들이 연달아 나타날 수 있다. 초보 패키지 제작자가 가장 먼저 맞닥뜨리는 당황스러운 상황 중 하나가 바로 인쇄물의 색이다. 모니터와 실제 색깔이 완전히 달랐다. 디자인 파일에서는 따뜻한 오렌지였는데, 막상 인쇄물을 받아보니 빨간색에 가까웠던 것이다. 초보자라면 누구나 겪는 충격이다. 하지만 이건 디자이너 잘못이 아니다. 디자인은 애초에 인쇄용인 CMYK로 작업한다. 문제는 발주자인 우리가 RGB와 CMYK의 차이를 이해하지 못한 채, 모니터에서 본 이미지를 그대로 기대한다는 데 있다.

색상 오차는 몇 가지 원인에서 비롯된다. 먼저 RGB와 CMYK 차이다. 모니터는 빛(RGB)으로 색을 내고, 인쇄물은 잉크(CMYK)로 색을 낸다. 같은 색상 코드라도 전혀 다르게 보일 수밖에 없다. 특히 빨간색, 주황색, 보라색 같은 색상은 방식 간의 차이가 커서 더 자주 문제가 된다. 두 번째는 모니터 환경의 차이다. 디자이너의 모니터, 내 노트북 모니터, 인쇄소의 모니터는 모두 다른 세팅으로 작동한다. 세 번째는 인쇄 소재와 잉크 특성이다. 같은 잉크라도 유광지, 무광지, 재생지 위에 올라가면 색감이 달라진다.

이걸 막으려면 발주자 입장에서 몇 가지 장치를 마련해야 한다. 첫째, 디자이너에게 이 컬러가 실제로 어떻게 나올지를 꼭 물어본다. 파일만 확인하는 게 아니라, 모니터와 인쇄물의 차이를 어떻게 번역할 수 있는지 도움을 받는다. 둘째, 중요한 색상은 팬톤 컬러 시스템(Pantone Color System, 국제 표준 컬러 시스템) 번호로 정확히 지정하는 게 좋다. 'PMS 021 C'처럼 코드를 공유하면 디자이너, 인쇄소, 발주자가 같은 언어를 쓴다. 셋째, 실제 소재에 테스트 인쇄를 해본다. 본격 인쇄 전에 소량이라도 실제 종이에 뽑아보면 차이를 미리 확인할 수 있다. 넷째, 조명 환경까지 고려한다. 사무실 형광등, 카페 조명, 매장 스포트라이트 아래에서 색은 전부 다르게 보인다. 고객이 제품을 만나는 현장 조명에서 어떻게 보일지까지 체크하는 게 좋다.

하지만 색상만 해결했다고 끝나는 건 아니다. 또 다른 치명적인 실수는 바코드다. 겉으로는 단순한 숫자와 선처럼 보이지만, 잘못 관리하면 브랜드 전체 운영이 흔들릴 수 있다. 나도 초기에 "이 정도는 그냥 붙여 넣으면 되겠지"라고 가볍게 여겼다가 큰 낭패를 볼 뻔한 적이 있다. 특히 여러 제품을 동시에 준비할 때 가장 자주 발생한다. 다른 제품의 바코드가 섞여 들어갔다가는 모든 시스템을 무너뜨릴 수 있는 것이다.

예를 들어, 옛츠 오리지널과 옛츠 딸기맛을 동시에 출시한다고 해보자. 디자이너가 오리지널 패키지를 베이스로 딸기맛 패키지를 만들면서, 바코드까지 그대로 복사해버리는 일이 생각보다 흔하다. 그렇게 되면 고객이 딸기맛을 사더라도 시스템에서는 오리지널로 인식한다. 재고 관리가 꼬이고, 매출 데이터는 왜곡되고, 심하면 매장에서 결제 오류까지 발생한다. 제품은 두 개인데, 시스템상에서는 하나로만 잡히니 운영이 완전히 무너지는 셈이다.

인쇄 과정에서 바코드의 해상도가 낮아져 스캔이 불가능해지기도 하고, 재단선이나 접힘 부분에 바코드가 걸려 읽히지 않는 문제도 생긴다. 테스트용 임시 바코드를 교체하지 않고 그대로 두는 실수도 종종 발생한다.

예방법은 철저한 리스트 관리와 테스트에 있다. 제품별 바코드를 별도의 문서로 정리하고, 디자이너에게는 반드시 제품명과 바코드를 세트로 제공해야 한다. 인쇄 전에는 스캐너로 직접 테스트를 해보고, 최종 검수 단계에서는 바코드만 별도 항목으로 체크하는 것이 좋다. 여러 제품을 동시에 작업할 때는 더블체크를 필수로 해야 한다.

팁이 있다면, 바코드 옆에 제품명을 작은 글씨로 표시해두면 혼동을 줄일 수 있다. "옛츠 오리지널", "옛츠 딸기"처럼 표시해두면 작업 과정에서 혼동을 크게 줄일 수 있다. 단순해 보이지만, 이 작은 습관 하나가 수많은 오류를 예방해준다.

실제 사용성에서 문제가 터질 수도 있다. 제품을 안전하게 보호하려고 단단히 밀봉했지만, 그 결과 고객이 못 열 수도 있다.

"포장이 너무 단단해서 가위로 잘랐어요."

"손톱이 부러질 뻔했네요."

"어르신이 드시기엔 개봉이 어려울 것 같아요."

이는 불편함을 넘어, 제품을 처음 만나는 순간이 불쾌함으로 남는다. 그 자체로 브랜드 이미지에 타격이 될 수 있다. 하지만 개봉이 어렵다는 불만보다 더 심각한 문제가 있다. 바로 안전이다.

첫 번째는 날카로운 포장재로 인한 부상 위험이다. 포장을 찢다가 손을 베거나, 얇은 필름이 피부를 긁을 수 있다. 이건 특히 어린이, 노약자에게는 더 큰 위협이 된다. 제품은 안전하게 보호했을지 몰라도, 고객은 그 포장 때문에 다칠 수 있다는 얘기다.

두 번째는 인쇄 잉크나 코팅재의 유해성이다. 식품이나 건강기능식품 같은 제품의 포장재는 입에 닿거나 손에 오래 노출될 수 있다. 그런데 비식품용 잉크나 코팅을 쓰면, 입으로 들어가면 안 될 물질이 입으로 들어가게 되는 상황이 생길 수 있다. 그래서 포장을 만들 때는 반드시 식품용임을 제작사에 명확히 말해야 하고, 그에 맞는 소재와 인쇄 방식을 써야 한다.

세 번째는 포장 조각 낙하 문제다. 포장을 뜯는 과정에서 비닐 조각, 종이 찌꺼기 등이 내용물에 떨어지거나 입으로 들어갈 수 있다. 의외로 흔한 문제고, 생각보다 위험하다.

이 모든 문제는 포장 디자인과 소재를 선택할 때 충분히 고민하면 예방할 수 있다. 단단하게 만드는 것도 좋지만, 과하면 독이 된다. 개봉 편의성도 중요하지만, 그보다 누구나 안전하게 제품을 쓸 수 있어야 한다는 것이 중요하다. 포장은 그냥 껍데기가 아니다. 제품의 일부고, 브랜드의 첫인상이다. 그래서 더 신중해야 한다.

이렇게 개봉 편의성과 안전성까지 챙겼는데도, 막상 매장에 나가면 예상치 못한 일이 벌어진다. 한번은 디자인할 땐 예뻤는데, 매장에선 눈에 띄지 않는 경우가 있었다. 디자인할 땐 분명히 멋졌고 잘 나왔다고 생각했다. 깔끔했고 고급스러웠고, 브랜드 감성도 살아 있었다. 그런데 막상 매장에 나가보니 제품이 눈에 띄지 않고, 진열대 위에서도 제대로 서 있질 않았다.

가장 흔한 문제 중 하나는 진열을 고려하지 않은 구조다. 제품을 걸어둘 것인지, 세워둘 것인지, 쌓아둘 것인지에 따라 형태와 균형, 포장 방식이 달라져야 하는데, 디자인만 중시한 나머지 실제 진열 환경이 빠져버린다. 그래서 제품이 자꾸 쓰러지거나, 고리에 걸 수 없거나, 매대 위에서 불안정하게 흔들리기도 한다. 매장 직원은 불편해하고, 고객은 손에 들기 어려워하고, 결국 매출에도 영향을 준다.

진열대의 크기와 규격을 무시하는 경우도 많다. 진열 공간은 제한되어 있고, 매대마다 칸 높이나 폭이 다르다. 그런데 그런 현실을 반영하지 않고 만든 패키지는 매대에 안 들어가거나, 누워버리거나, 다른 제품을 가려버리기도 한다. 표준 규격을 미리 체크했다면 피할 수 있었던 일이다.

또, 우리 제품만 봤을 땐 예뻤는데 막상 여러 브랜드 사이에 놓이면 존재감이 사라지는 경우도 있다. 색감도 형태도 적당하다고 생각했지만, 막상 옆에 진한 색이나 강한 그래픽의 제품이 놓이면 묻혀버리거나, 흐릿하게 보인다. 그래서 디자인은 항상 단독 기준이 아니라, 비교 환경 속에서 평가하는 게 좋다.

창고나 물류 환경으로 넘어가면 또 다른 문제가 드러난다. 보관과 운반은 늘 계절의 영향을 받는다. 테스트는 봄에 했는데, 여름이 되자 갑자기 문제가 터진다. 고온 환경에서 접착제가 녹아 포장이 벌어지고, 플라스틱 포장이 뒤틀리거나 말랑해지고, 햇빛을 오래 받으면 색이 바래거나 변색되기도 한다.

습도는 더 큰 문제다. 종이 패키지는 눅눅해지면서 모양이 흐물흐물해지고, 포장 틈에는 곰팡이까지 생길 수 있다. 젖은 포장은 인쇄도 번지고, 개봉도 어려워진다. 그렇게 되면 고객은 열기 전에 이미 불쾌함을 느끼게 된다.

이 모든 문제는 결국 시뮬레이션의 범위를 얼마나 넓게 잡았는가로 귀결된다. 한 계절, 한 환경에서만 테스트하면 당장은 괜찮아 보여도, 환경이 바뀌는 순간 문제가 드러난다. 그래서 다양한 계절과 보관 조건을 고려해 테스트할 필요가 있고, 내구성이 강한 소재를 신중히 선택해야 한다. 또, 제품에 맞는 보관 가이드를 명확히 명시하는 것도 중요하다. 패키지는 단순한 디자인이 아니라, 환경을 견디는 실용적인 구조이기도 하다.

마지막으로 자주 빠뜨리는 게 유통기한 표시 위치다. 디자인은 예쁜

데, 유통기한을 붙일 자리가 없다. 곡면이라 스티커가 휘어지거나, 인쇄 위에 겹쳐서 보기도 어렵다. 유통기한은 소비자 신뢰의 기준인데, 그걸 어렵게 만들어선 안 된다.

디자인은 결국 매장에서, 창고에서, 유통 과정에서 살아남아야 한다. 책상 위에서는 몰랐던 것들이 현실에선 모두 리스크가 된다. 보기 좋은 것보다, 버티고 보여지고 관리될 수 있는 것이 진짜 디자인이다.

하지만 디자인과 실용성을 모두 갖춘 패키지라도, 정작 마지막 단계에서 예상치 못한 복병이 나타날 수 있다. 때론 제작 직전에 이런 일이 생기기도 한다. 디자인은 완성됐고, 인쇄 직전까지 갔다. 샘플도 잘 나왔고, 보기에도 예쁘다. 그런데 마지막 단계에서 문제가 발견돼서 다시 수정해야 하는 일은 드물지 않다. 디자인이 아무리 멋져도, 법적 표기가 빠지거나 잘못되면 그 제품은 그대로는 판매할 수 없다. 디자이너도, 기획자도, 제조사도 모두 속이 쓰린 순간이다.

자주 발생하는 문제들이 있다. 알레르기 유발 성분 표기 누락은 대표적이다. 계란, 우유, 밀 같은 주요 성분이 포함되어 있다면 반드시 표기해야 하는데, 표시가 빠지면 식약처 지적이나 리콜 대상이 될 수 있다.

영양성분표 누락도 마찬가지다. 열량, 나트륨, 탄수화물 같은 정보는 기본 항목인데, 공간 부족이나 정보 전달 누락으로 생략되는 경우가 종종 있다. 하지만 법은 표기 난이도나 디자인 사정을 고려해주지 않는다.

폰트 크기 기준 미달도 흔히 놓치는 포인트다. 디자인적으로 예뻐

보이게 하려다 글자 크기를 줄이곤 하는데, 법에서 정한 최소 크기를 넘지 못하면, 표시 기준 위반으로 간주된다.

제조원 또는 수탁업체 정보 누락도 종종 발생한다. 특히 OEM 제품의 경우, 판매자와 제조자 정보를 정확히 구분해 표기해야 한다. 그런데 제조업체명만 적으면 되려니 하는 안일한 판단이 나중에 문제가 되기도 한다.

이런 문제를 줄이기 위한 핵심은, 정확한 정보를 사전에 정리해서 공유하는 것이다. 기획자는 최신 법규에 맞춘 표기 지침을 정리해 전달하고, OEM 업체와는 서로 표기 내용이 일치하는지 교차 검토가 필요하다. 무엇보다 중요한 건, 인쇄 전 단계에서 최소 3단계 검수 시스템을 구축하는 것이다. 내부 1차 검토→품질관리자 확인→외부 법적 표기 사항 체크까지, 이 과정을 통과하면 대부분의 실수를 사전에 걸러낼 수 있다.

디자인은 보기 좋게 만든다고 끝나는 게 아니라, 문제없이 판매 가능한 상태로 마무리돼야 진짜 완성이다. 그런데 그 완성까지 가려면 혼자 힘으로는 어렵다. 아무리 꼼꼼한 사람도 혼자서는 한계가 있다.

지금까지 살펴본 수많은 실수와 리스크를 가장 확실하게 줄이는 방법이 있다. 여러 사람이 여러 번 검수하는 시스템을 갖추는 것이다. 이건 정성과 노력의 문제가 아니라, 구조의 문제다. 그래서 엿츠는 현재 4단계 검수 시스템을 운영하고 있다. 처음엔 번거롭고 느리다고 생각했지만, 지금은 오히려 이 시스템 덕분에 효과적으로 실수를 미연에 방지하고 있다.

첫 번째 단계는 브랜드 자체 검수다. 이 단계에선 우리 팀이 브랜드 관점에서 내용을 먼저 확인한다. 디자인과 메시지가 브랜드의 방향성과 잘 맞는지, 타깃 고객이 봤을 때 말이 되는지, 기본적인 오타나 정보 누락은 없는지를 체크한다. 우리 브랜드답게 보이는가, 고객이 쉽게 이해할 수 있는 표현인가, 우리가 말하고 싶은 핵심이 잘 전달되고 있는가가 핵심 기준이다.

두 번째는 디자이너 검수다. 여기서는 인쇄를 위한 기술적 완성도를 집중적으로 본다. 인쇄 컬러가 정확히 표현될 수 있도록 설정됐는지, 해상도는 충분한지, 재단선과 여백은 제대로 설정됐는지, 인쇄 직전 파일로서 문제가 없는지를 체크한다. 디자이너의 눈으로 최종본이 될 수 있는가를 판단하는 단계다.

세 번째는 제3자의 검수다. 이 단계의 핵심은 객관성이다. 업계 전문가가 아닌 일반 소비자 관점에서 문구가 이해되는지, 표현이 어색하거나 부자연스럽진 않은지, 처음 보는 사람도 3초 안에 내용을 파악할 수 있는지를 확인한다. 실제로 우리 팀과 디자이너가 모두 통과시킨 패키지를 보고 디자인과 전혀 관련 없는 지인이 단 5초 만에 오타를 지적한 적이 있다. 그때 뼈저리게 느꼈다. 전문가의 눈과 일반인의 눈은 서로 보완되어야 한다는 것이다.

네 번째는 OEM 공장 검수다. 여기서 확인하는 건 실제 생산이 가능한가다. 법적 표기 사항이 모두 들어갔는지, 인쇄 및 포장 공정에서 문제가 생기지 않을지, 패키지에 적힌 원재료나 제조 정보가 실물 제품과 정확히 일치하는지를 본다. 디자인이 아무리 멋져도, 공장에서 찍어낼 수 없다면 의미가 없다.

왜 이렇게까지 해야 하나 싶을 수도 있다. 하지만 각 검수자는 서로 다른 전문성과 시선을 가지고 있다. 브랜드팀은 콘셉트와 메시지를 본다. 디자이너는 기술적 완성도를, 제3자는 소비자의 직관을, OEM은 생산성과 법적 리스크를 본다. 각자의 시선으로 확인해야 실수가 줄어들고, 품질은 높아지고, 브랜드는 일관성을 유지한다.

실제 운영 팁도 있다. 소규모 브랜드라서 4단계가 부담된다면, 최소한 3단계는 거쳐야 한다. 브랜드 내부 검수, 디자이너 검수, 제3자의 외부 검수를 거치되, 단계 간에는 하루 이상 간격을 두는 게 좋다. 같은 날 연달아 보면, 어제 놓친 걸 오늘도 똑같이 놓칠 수 있다. 그리고 누가, 언제, 무엇을 검수했는지 기록을 남겨두자. 나중에 문제가 생겼을 때 책임을 묻기 위해서가 아니라, 원인을 정확히 파악하기 위해서다.

패키지 제작은 늘 예기치 않은 변수로 가득하다. 하지만 미리 알고 준비하면 충분히 피할 수 있다. 완벽한 패키지를 만드는 건 어렵다. 하지만 브랜드다운 패키지를 만드는 건 가능하다. 그리고 그 핵심은 결국, 체계적인 검수 시스템에 있다.

패키지 제작 파트너 찾기:
방산시장부터 온라인까지

05

처음 방산시장에 갔을 때를 아직도 기억한다. 그때는 그냥 "옛 패키지는 도대체 어떤 게 있을까?" 하는 막연한 호기심이었다. 온라인으로 아무리 찾아봐도 한계가 있었고, 실제 샘플을 만져보고 싶었다. 인터넷에서 보기로는 인쇄·포장 전문 시장이라는데, 도착해보니 뭐가 뭔지 하나도 몰랐다. 가게는 줄줄이 붙어 있는데, 여기가 인쇄를 하는 곳인지, 박스를 파는 곳인지, 도매인지 소매인지 감이 안 왔다.

두 번째 방문은 달랐다. 브랜드 로고와 콘셉트 컬러까지 확정된 상태에서 "이걸 실제로 어떻게 만들지?" 하는 구체적인 미션이 생겼다. 덕분에 여기저기 흩어진 업체들을 무작정 기웃거릴 필요 없이, 한 시장 안에서 여러 곳을 비교하며 답을 찾을 수 있었다. 첫 방문이 혼란이었다면, 두 번째는 본격적인 실행 단계였다.

방산시장은 인쇄·포장 관련 업체가 대규모로 모인 곳이다. 포장재와 인쇄는 물론 박스, 판촉물, 쇼핑백까지 패키지와 관련된 모든 걸 한자리에서 볼 수 있다. 단순히 제품만 파는 게 아니라, 상담을 통해 실제 제작 프로세스까지 연결할 수 있다는 점에서 특히 유용하다. 서울 근교라면 여러 번 발걸음을 옮길 수 있지만, 지방에서라면 기회가 많지 않다. 그래서 한 번 방문하더라도 헛걸음하지 않으려면 전략이 필요하다. 처음 가는 사람이라면 어떻게 준비해야 할지, 내가 겪은 시행착오를 바탕으로 몇 가지 접근법을 소개해본다.

방산시장을 제대로 활용하려면 전략이 필요하다. 처음 가면 넓은 시장에서 어디부터 가야 할지 막막하다. 그런데 목적에 따라 접근법이 완전히 달라진다는 걸 알게 됐다. 단순히 트렌드를 파악하려는 건지, 아니면 실제로 얼마에 만들 수 있을지 구체적인 견적이 필요한지에 따라 가야 할 곳도, 준비할 것도 완전히 달라진다. 내 첫 방문은 솔직히 실패였다. 첫 번째 가게에서 "엿 포장할 수 있는 거 있나요?"라고 물었더니 되레 질문이 쏟아졌다. "어떤 엿인데요? 크기는? 개별 포장? 박스 포장?" 대답할 수 있는 게 하나도 없었다. 두 번째 가게에서는 "최소 주문량이 몇만 장이에요"라는 말에 당황했고, 세 번째 가게에서는 "오프셋? 디지털? 실크?" 같은 낯선 용어 앞에서 당황스러웠다. 준비 없이 간 탓이었다.

알고 보니 업체들도 성격이 제각각이었다. 직접 제조하는 곳도 있고, 유통만 하는 곳도 있었다. 도매 전문으로만 거래하는 곳이 있는가 하면, 소매까지 병행하는 가게도 있었다. 어떤 곳은 특정 품목만 깊게 다루고, 또 어떤 곳은 백화점처럼 다양한 제품을 두루 취급했다. 이 차이를 모르고 들어가면, 원하는 상담을 받기 어렵다. 결국 방산시장은 무엇을 위해 왔는지를 정리하지 않으면 길을 잃기 쉬운 곳이었다.

첫 번째 목적: 트렌드 조사와 아이디어 탐색

어떤 패키지들이 있는지 구경하고 싶다는 마음으로 간다면, 백화점 형태의 다양한 품목을 판매하는 곳부터 시작하는 게 좋다. 방산시장에서 가장 큰 규모인 새로피엔엘 같은 곳이 대표적이다. 각종 용기부터 패키지까지 다양한 품목을 한눈에 볼 수 있고, 맞춤 패키지 제작 상담까지 원스톱으로 가능하다.

이런 곳들은 주로 메인 스트리트에 있어서 찾기도 어렵지 않다. 도소매를 모두 하기 때문에 샘플 구매도 가능하다. 다만 소매라 해도 품목에 따라 50개, 100개 단위로 판매되는 경우가 있어서 부피가 클 수 있으니 주의해야 한다. 특히 명절 전이나 크리스마스, 밸런타인데이와 화이트데이 전에는 이런 다품종 소매 업체에 인파가 많이 몰리니 그 시기는 피하는 걸 권한다.

나는 방산시장에 갈 때 처음과 마지막을 이런 매장으로 정하는 편이다. 특히 샘플은 돌아오는 길에 구매하는 게 가장 편하다. 여기서 마음에 드는 패키지를 발견했다면, 그다음에는 해당 품목을 전문으로 다루는 업체를 집중적으로 방문해 상담으로 이어가면 된다.

두 번째 목적: 구체적인 견적과 업체 조사

이미 만들고 싶은 패키지가 있는데 얼마에 가능한지 알고 싶다는 구체적인 목적이 있다면, 우선 방산시장 상인연합회 웹사이트(bangsanmarket.net)를 통해 품목별·업종별 업체를 미리 찾아보는 게 좋다. 요즘은 온라인으로도 제조 공정이나 견적 상담이 가능하다.

두 번째 방문에서는 철저히 준비했다. 엿의 정확한 크기와 무게를 측정하고, 비슷한 제품 패키지 사진을 여러 장 프린트했으며, 예상 수

량과 예산도 정리했다. 이번에는 상담이 완전히 달랐다. "아, 엿이요? 개별 포장용이면 이런 소재들이 있어요." 직원분이 알루미늄 합지, PET 필름, 셀로판지 등 여러 샘플을 보여주며 각각의 장단점과 가격대까지 상세히 설명해주셨다.

이 경우에도 새로피엔엘 같은 다양한 품목을 유통하는 업체를 먼저 방문해 전반적인 트렌드를 파악하는 걸 추천한다. 다만 이때는 디자인보다는 소재와 형태에 집중해서 보고, 품목 이름과 가격을 꼼꼼히 메모해두면 이후 검색이나 가격 비교에 유용하다.

처음에는 인쇄 방식이나 소재, 형태 같은 전문 용어들이 너무 낯설어서 머릿속이 하얘졌다. 그런데 특정 패키지 샘플이나 참고 이미지를 들고 가니 대화가 훨씬 수월해졌다. 실물을 보여주면서 "이런 느낌으로 만들고 싶은데, 가능할까요?" 하고 물으니, 그제야 직원분들도 구체적으로 설명해주었다. 덕분에 새로운 용어도 익힐 수 있었다.

규모가 있는 업체에서 기본적인 정보를 얻은 뒤에는 골목 안쪽의 작은 가게들을 찾아가봤다. 상담 손님이 드문 곳이라 그런지, 훨씬 오래 대화를 나눌 수 있었다. 한 사장님은 특히 친절하셨다. "젊은 분이 엿 사업을 하신다고요? 요즘 보기 드문 일이네요. 좋은 일이에요." 그렇게 시작된 대화는 패키지 설명을 넘어서, 식품 패키지 안전 기준, 계절별 주의 사항, 심지어 다른 브랜드들의 성공 사례까지 이어졌다. 그 한마디 한마디가 책이나 인터넷에서 찾을 수 없는 살아 있는 정보였다.

방문 전에 미리 업체를 알아봤다면 더 좋았을 거라는 생각도 들었다. 상담 예약을 받는 곳도 있었고, 휴무일을 피하려면 사전 연락이 필요했다. 또 시제품이 있다면 꼭 가져가는 게 좋다. 실제 상품의 무게와 형태를 보여줘야 소재 선택이 정확해지고, 예상치 못한 변수까지 체크해볼 수 있다.

하루 종일 여러 곳을 다니다 보면 상담 내용을 헷갈리기 쉽다. 나는 명함 뒷면에 짧게 메모를 남기거나, 지도 앱에 매장 위치와 특징을 기록하는 방식으로 정리했다. 사진 촬영 금지 안내가 없다면 사진을 남겨두는 것도 실질적인 도움이 된다. 작은 습관이지만, 나중에 비교하고 다시 연락할 때 정말 유용했다.

견적은 제품 사양이 정해진 후에 요청해야 정확하다. 크기가 조금만 달라져도 재료비와 공정이 달라지니, 애매한 상태로 여러 번 물어보면 업체도 금세 부담스러워한다. 상담이 길어지느냐 짧게 끝나느냐는 내가 얼마나 구체적으로 답할 수 있느냐에 달려 있었다. 수량, 기간, 예산과 같은 질문에 명확하게 대답할 수 있으면 진짜 만들 의지가 있다고 여기고 더 성심껏 알려준다. 반대로 그냥 알아보는 거라고 하면 상담은 금방 끝나버린다.

아직 제품 사양이 확실치 않다면, 상담객이 많은 대형 업체보다는 골목 안쪽의 작은 가게가 낫다. 업주가 직접 앉아 차근차근 알려주는 경우가 많아 공부가 된다. 반대로 어느 정도 방향이 잡혔다면, 업계 경력이 오래되었거나 유명 브랜드 패키지를 다뤄본 업체를 찾아가 보는 게 좋다. 경험 많은 업체일수록 예상치 못한 리스크나 시장의 흐름까지 함께 배울 수 있기 때문이다.

초도 물량과 MOQ, 그리고 EOQ

초도 물량은 말 그대로 '첫 주문 분량'을 뜻한다. 어떤 제품이든 처음 생산하는 물량은 보통 시범 성격을 가진다. 실제로 판매해보면서 개선점을 찾고, 이후 본격적인 생산으로 이어가기 위해서다.

MOQ는 공급업체가 설정한 최소 주문 단위를 의미한다. 예를 들어 어떤 패키지 업체의 MOQ가 500개라면, 그보다 적은 수량으로는 제작이 불가능하다. 따라서 초도 물량을 계획할 때 반드시 해당 업체의 MOQ를 확인해야 한다.

여기에 EOQ(Economic Order Quantity, 경제적 주문량) 개념을 함께 고려할 필요가 있다. EOQ는 재정 상태, 판매 속도, 보관 비용, 패키지 수정 가능성 등을 종합적으로 판단해 결정되는 수량이다. 예를 들어, MOQ가 100개이고 단가가 1,000원이라고 가정하자. 1,000개 주문 시 단가는 700원, 5,000개 주문 시 단가는 500원으로 낮아질 수 있다. 하지만 출시 직후 문제가 발생하면 대량으로 생산한 물량을 폐기할 위험이 있다. 따라서 초기에는 MOQ에 맞춘 소량 생산이 EOQ가 될 수 있으며, 이후 판매 상황에 따라 1,000개, 5,000개 단위로 확장하는 것이 합리적이다.

또한 단가는 주문 수량이 많아질수록 낮아지지만, 하락 폭은 점차 줄어들고 어느 시점 이후에는 차이가 거의 없는 구간이 생긴다. 이 지점을 파악하는 것이 중요하다. 패키지가 박스처럼 부피가 큰 형태라면 보관 공간이 문제 될 수 있다. 수량이 많아질수록 단가는 낮아지지만, 3PL을 이용할 경우 보관 비용이 늘어나 총비용이 오히려 높아질 수 있다. 반대로 회전율이 높은 상품이라면 대량 발주가 오히려 유리할 수 있다.

일부 브랜드는 중국 등 인건비가 낮은 국가에서 제작하기도 하지만, 종이류 패키지는 국내 제작과 의미 있는 차이가 없는 경우가 많다. 즉, 무조건 해외 제작이 유리하다고 볼 수는 없으며 제품 특성과 단가 구조를 꼼꼼히 비교해 판단해야 한다.

마지막으로 추석이나 설과 같은 명절 시즌에는 주문 물량이 몰려 원하는 시기에 납품이 어려울 수 있다. 명절을 목표로 출시하려면 반드시 여유 있게 일정을 잡아야 한다.

업체 선별, 어떤 기준으로 해야 할까?

패키지 제작 업체는 크게 유통업체와 공장 직영업체로 나눌 수 있다. 어느 쪽을 선택할지는 패키지 종류와 브랜드의 상황에 따라 달라진다. 중요한 건 단순히 단가만 보지 말고, 장기적으로 EOQ까지 고려해줄 수 있는 파트너를 찾는 것이다.

처음 만난 업체들은 크게 둘로 나뉜다. 단가는 조금 높더라도 방향성을 잘 제시해주며 리스크까지 설명해주는 업체, 반대로 가격은 경쟁력이 있지만 내가 묻지 않으면 위험 요소에 대해서는 크게 짚어주지 않는 업체가 있다. 브랜드의 경험치가 적을 때는 전자가 훨씬 도움이 된다. 실제로 엿츠 초창기에는 경험 많은 유통업체의 도움을 많이 받았다. 하지만 경험이 쌓인 뒤에는 마케팅보다는 전문성과 완성도에 집중해 공장 직영 업체를 선택하는 쪽으로 무게가 옮겨 갔다.

또 다른 방법은 비교 견적이다. 방산시장 같은 오프라인 현장에서 직접 보고 견적을 받은 후, 온라인으로 공장 직영 업체를 찾아 비교해 보는 것이다. 유통 단계를 거치지 않기 때문에 합리적인 단가의 업체를 찾을 수 있다.

특히 택배 상자처럼 부피가 있는 패키지의 경우는 물류비 절감이 중요한데, 이때는 3PL 근처의 공장을 선택하는 것이 좋은 전략이 된다. 제작된 패키지를 곧바로 3PL 창고로 입고할 수 있어 운송비를 크게 줄일 수 있다. 실제로 박스류처럼 부피가 큰 패키지는 이 방법을 통해 물류비를 30~50%까지 절약할 수 있다. 많은 브랜드가 놓치는 부분인데, 부피 대비 단가가 저렴한 패키지일수록 운송비 비중이 커지므로 고려할 만하다.

최근에 또 다른 중요한 고려 사항이 있다. 바로 친환경이다. 최근 환경보호에 대한 사회적 인식이 높이지면서 친환경 패키지는 이제 선택이 아니라 필수가 되고 있다. 이런 추세를 반영해, 방산시장에도 다양한 지속 가능한 소재를 제공하는 업체들이 점점 늘어나고 있다. 생분해성 플라스틱, 재활용 가능한 종이, 식물 기반 잉크 등은 환경에 미치는 영향을 최소화하면서도 품질과 기능성을 유지할 수 있게 해준다.

방산시장을 방문할 때는 이런 친환경 소재를 제공하는 업체를 찾아 상담해보는 것도 좋다. 제품의 생산 과정, 재활용 가능성, 분해 시간 등에 대한 정보를 구체적으로 얻을 수 있고, 이런 데이터를 브랜드 스토리에 담아내면 브랜드 가치에도 긍정적인 영향을 줄 수 있다.

이제는 선택한 업체와 어떻게 대화하느냐가 중요하다. 패키지 제작

업체와의 상담이나 견적 협상은 단순한 가격 흥정이 아니라 기술에 가깝다. 방문 전 필요한 패키지의 제품 사양(크기, 재질, 인쇄 방법 등)을 정확히 정리해둔다. 그래야 견적 요청 시 명확한 비용 산정이 가능하고, 협상 과정에서도 자신의 요구 사항을 분명하게 전달할 수 있다. 요구 사항이 추가될수록 견적은 올라가기 마련이니, 처음부터 필요한 범위를 명확히 하는 것이 중요하다.

여러 업체로부터 견적을 받아 비교하는 것은 가장 기본적이면서도 효과적인 방법이다. 이를 통해 시장 가격을 파악할 수 있고, 더 나은 조건을 제시받을 근거가 된다. 장기적인 파트너십을 제안하는 것도 좋은 협상 전략이다. 단발성 거래보다 안정적인 관계를 원한다는 점을 강조하면, 특히 두 번째 거래부터는 유리하게 작용할 수 있다.

대량 주문이나 장기 거래 조건에 따른 추가 할인 가능성도 꼭 물어보는 게 좋다. 업체가 먼저 언급하지 않을 수 있으니, 직접 확인하는 게 필요하다. 가격 외에도 품질, 납기, A/S 조건 같은 요소가 협상에서 중요한 포인트다. 가격이 조금 높더라도 서비스 품질이 안정적인 업체를 선택하는 것이 장기적으로 더 큰 이익을 가져온다.

무엇보다 협상 과정에서는 서로 존중하는 마음으로 접근하면 된다. 신뢰 관계가 쌓여야만 협상은 단순한 거래를 넘어 장기적인 파트너십으로 이어질 수 있기 때문이다. 패키지 업체 선정 과정에서 오프라인 경험을 거친 뒤 온라인으로 확장하는 전략이 효과적이다. 온라인으로 패키지 종류, 소재, 인쇄 방식 같은 기본 지식을 쌓는 것은 좋지만, 실제 계약 전에는 반드시 오프라인 상담을 해야 한다. 직접 만나 샘플을 만져보고 담당자와 대화를 나눠봐야 이 정도 품질이면 얼마의 가격이 적정한지, 이런 질문을 하는 업체라면 신뢰할 만한지 기준이 생긴다.

온라인 학습→오프라인 검증→온라인 확장의 순서로 접근하면 시행착오를 크게 줄일 수 있다. 오프라인에서 기본 견적 3~5곳을 받아보고, 샘플도 만져보고, 업체 담당자와 대화도 해봤다면, 이제는 온라인에서 동일 제품 사양에서 가격이 20~30% 저렴한 곳, 같은 가격에 품질이나 서비스가 더 좋은 곳, 납기가 더 빠른 곳 등을 더 좋은 조건을 찾을 수 있다. 오프라인 경험 없이 곧장 온라인으로 시작하면 가격이 비싼지 싼지, 품질이 좋은지 나쁜지, 업체가 신뢰할 만한지조차 판단하기 어렵다. 기준점이 없기 때문에 비교 자체가 불가능하다.

주의할 점은 리드타임이다. 디자인 최종 승인과 계약금 입금이 완료된 후에야 제작이 시작되며, 온라인일수록 소통 지연으로 예상보다 오래 걸릴 수 있다. 또한 샘플 검증은 필수다. 온라인으로는 확인할 수 없는 냄새, 질감, 개봉감 같은 요소는 반드시 직접 경험해야 한다.

방산시장은 생각보다 빠르게 돌아간다. 업체들도 효율을 중시한다. 그래서 단순한 거래처를 든든한 동반자로 기대하면 실망할 수 있다. 하지만 아쉬워할 필요는 없다. 중요한 건 관계가 아니라, 이 시장을 어떻게 활용하느냐. 온라인만으로는 절대 알 수 없는 '감'이 거기서 생긴다. 잘 활용하는 법은 단순하다. 목적을 분명히 잡고, 최대한 많이 보고 기록하며, 감정이 아니라 데이터로 비교한다. 이 3가지만 지켜도 방산시장은 누군가의 호의에 기대는 곳이 아니라, 내 브랜드 기준을 단단히 세워주는 도구가 된다. 시행착오를 줄이는 싸움에서, 방산시장은 가장 빠르고 효율적인 현장이다.

방산시장에서 얻은 기준은 곧바로 시제품 단계에서 힘을 발휘한다. 패키지와 시제품은 처음엔 무조건 가장 적은 수량으로 생산하는 게 안전하다. 소량 생산은 단가가 높아질 수밖에 없지만, 그 대신 소비자 반응을 보며 보완할 수 있는 시간을 벌어준다. 이 과정에서 품질 테스트, 개선 작업, 제조 원가 확정, 소비자 가격 책정까지 한 단계씩 검증할 수 있다. 시제품 테스트 결과를 토대로 설계를 다듬고, 생산 과정을 최적화한 뒤에야 비로소 본격적인 생산 준비가 끝나는 것이다.

방산시장은 패키지를 사러 가는 곳이 아니라 배우러 가는 곳이다. 그 배움은 브랜드의 경쟁력이 된다. 처음엔 예쁜 포장지만 찾으러 갔지만, 실제로 만들어보니 패키지는 단순한 껍데기가 아니었다. 브랜드가 세상에 건네는 첫인사이자, 고객과 처음 마주하는 접점이었다.

패키지는 신뢰를 만든다. 완성도가 낮으면 제품 가치도 떨어진다. 잘 만들어져 있으면 기대치를 높이며 선물 구매나 입점 기회까지 열어준다. 그래서 패키지는 전략이자 운영 태도다.

조금 돌아가더라도 이 과정을 거치면, 패키지는 단순한 포장을 넘어 브랜드의 이야기를 전한다. 언젠가 누군가가 "이 브랜드, 뭔가 다르다" 하고 느낀다면 화려한 디자인이 아니라 정성 어린 첫인사가 전해졌기 때문이다.

금강산도 식후경
- 방산시장 근처 맛집

시장조사를 마치고 따뜻한 한 끼가 필요하다면, 노포를 찾아보자.

우래옥

(서울 중구 창경궁로 62-29)

1946년에 문을 연 평양냉면집으로, 맑고 깊은 육수 맛이 인상적이다. 불고기와 냉면을 함께 즐기는 손님이 많다.

은주정

(서울 중구 창경궁로 8길 32)

'쌈 싸 먹는 김치찌개'로 유명한 집이다. 푸짐한 쌈 채소와 두툼한 고기로 끓인 김치찌개가 별미다. 〈수요미식회〉에서도 소개된 서울 3대 김치찌개집 중 하나로, 점심 피크 시간을 피하면 편하게 식사할 수 있다.

Chapter 6.

브랜드 보호:

브랜드를 지키는
법적 방패

브랜드를 지키는 상표권부터

지적재산권까지의 법적 방패막이

브랜드를 지킨다는 것

01

"혹시… 네이버에서 엿츠랑 비슷한 제품 보셨어요?"

어느 날, 3PL 물류센터 대표님에게서 카톡 한 통이 도착했다. 링크를 여는 순간, 등골이 서늘해졌다. 노란색 계열의 포장, 살짝만 바꾼 문구, 심지어 대표 이미지 사진까지, 누가 봐도 우리 제품을 베낀 티가 역력했다. 그 후로도 제보는 이어졌다. 언뜻 보면 엿츠가 떠오르는데, 묘하게 이질적인 점이 느껴졌다.

화가 나기보다 먼저, 설명하기 힘든 배신감이 밀려왔다. 우리가 이 제품을 만들기까지 쏟아온 고민과 과정이 이렇게 쉽게 복제될 수 있다는 사실이 허탈했다. 그 순간, 브랜드를 세상에 내놓는다고 끝이 아니라 시작이며, 보호의 영역에서 비로소 브랜드가 진짜 완성된다는 것을 깨달았다.

처음엔 나도 '보호'까지는 생각하지 못했다. 일단 만들고, 팔고, 알리는 것만으로도 벅찼다. 마케팅과 유통처 확보로도 하루가 빠듯했다.

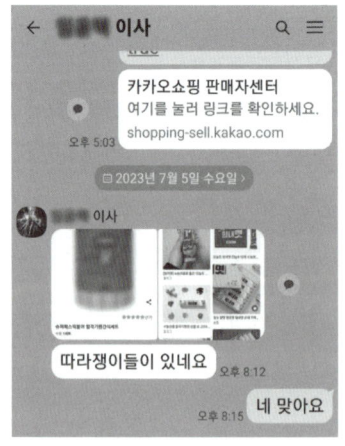

딱불엿츠 모방 제보 문자

상표 출원은 사업자등록처럼 해야 하니까 하는 일 정도로 여겼고, 패키지 디자인도 그저 보기 좋게 마무리하면 충분하다고 생각했다. 법적 자산임은 알았지만, 그 책임이 온전히 우리 몫이라는 건 실감하지 못했다.

하지만 브랜드가 조금씩 알려지고 사람들이 반응하기 시작하자, 바로 따라 하는 사람들이 나타났다. 우리의 감성과 아이디어를 베껴, 비슷한 톤과 포장으로 제품을 내놨다. 그제야 절실히 깨달았다. 법적 준비는 선택이 아니라, 생존을 위한 필수였다.

브랜드를 우리가 지키지 않으면, 누군가 이름만 바꾸고 색상만 바꿔 자기 것처럼 시장에 내놓는다. 소비자는 구분하기 힘들어 "이게 엿츠야?"라고 착각할 수 있다. 그렇게 되면 우리의 정체성은 희미해지고, 브랜드에 대한 신뢰도 함께 흔들린다.

더 무서운 건, 그 모방이 성공해서 오히려 진짜처럼 자리 잡는 경우다. 아무리 억울해도 현실은 냉정하다. "내가 먼저 만드는 거야"라고 외치는 것만으로는 지켜낼 수 없다. 철학도, 방향성도, 이유도 모두 알고 있어도, 법적 권리가 없다면 무용지물이다. 그래서 상표권, 입체상표, 디자인권, 저작권 같은 장치들이 브랜드의 보호막이 된다.

여기에서는 브랜드를 지켜내는 현실적인 이야기와 경험을 설명하려 한다.

상표권은 필수,
변리사는 전략

02

처음 상표를 출원할 때는 솔직히 '다들 해두라니까 해야겠지' 하는 마음이 컸다. 엿츠라는 이름이 마음에 들었고, 로고도 어느 정도 갖춰졌기에 특허법인을 통해 출원부터 진행했다. 그때는 이 과정이 얼마나 중요한지, 또 얼마나 전략적으로 접근해야 하는지 알지 못했다. 그저 상표 등록 완료라는 문구가 주는 작은 안도감이 전부였다.

하지만 브랜드가 조금씩 성장하고 제품이 다양해지면서, 딱붙엿츠 같은 확장 제품을 기획할 즈음부터 하나둘 허점이 드러나기 시작했다. 우리가 등록한 상표는 30류, 즉 '식품' 카테고리 하나뿐이었다. 엿이니까 당연히 식품 분류만 생각했던 거다. 그런데 시간이 지나며 브랜드 활동이 결코 제품 하나로만 국한되지 않는다는 걸 깨달았다. 온라인 마케팅, SNS 콘텐츠, 패키지 디자인, 유통 채널까지, 영역이 넓어질수록 보호받아야 할 범위도 달라졌다. 실제로는 35류(광고·판매), 41류(콘텐츠·교육), 9류(디지털 콘텐츠) 등, 다른 분류에서도 대비가 필요했다.

하지만 이 부분은 조심해야 한다. 단순히 많이 등록한다고 좋은 게 아니다. 상표권은 실제로 사용하지 않으면 무효화될 수 있다. 사용 의사가 없는 분야까지 무턱대고 등록했다가는, 나중에 불사용 취소심판의 대상이 될 수 있다. 게다가 구분류마다 출원과 등록 비용이 따로 들기 때문에 전략적 선택이 필요하다.

상표 출원은 단순한 행정 절차가 아니다. 지금 판매하는 상품만이 아니라, 앞으로의 브랜드 확장 가능성, 콘텐츠 제작 여부, 유통 방식, 운영 전략까지 함께 고려해야 한다. 결국 상표는 법적 권리이자 앞으로의 확장을 준비하는 설계도다.

내가 직접 해보겠다는 마음이 들었다. 비용도 아끼고 싶었고, 어느 정도 요령을 터득했다고 생각했다. 하지만 막상 KIPRIS(특허정보넷)에 들어가 유사 상표를 검색하려니, 어디서부터 손을 대야 할지 막막했다. 어떤 키워드를 넣어야 할지, 무엇을 '유사'로 판단해야 할지도 전혀 감이 오지 않았다. 게다가 한글뿐 아니라 영문, 심지어 도형까지 고려해야 한다는 사실에 또 한 번 놀랐다.

결정적으로, 거절 이유서가 날아왔을 때였다. "유사 상표가 있다"는 말 한 줄뿐인데, 이걸 어떻게 반박해야 할지 감조차 오지 않았다. 의견서를 제출하라지만 복잡한 법률 용어가 가득하고, 이의 제기는 기한 내에 해야 한다고 했다. 비로소 이 일이 전문가의 영역임을 깨달았다.

브랜드 초기에는 예산이 빠듯해서 모든 걸 직접 하려고 한다. 하지만 상표권은 선출원주의를 따르므로, 먼저 사용한 사람이 아니라 먼저 등록한 사람이 권리를 갖는다. 같은 이름이라도 어떤 구분류에 등록했는지에 따라 보호 범위가 달라진다. 따라서 유사 상표를 확인할 때는 KIPRIS에서 한글뿐 아니라 영문, 도형까지 다양한 형태로 검색하는 게 안전하다. 등록 후 유효기간은 10년이며, 갱신을 통해 계속 이어갈 수 있다.

비용은 적지 않다. 특허법인을 통하면 기본 30~50만 원선이고, 직접 등록하면 10만 원대에 가능하지만 실패 위험이 높다. 요즘은 온라인 상표 등록 플랫폼도 있어 절차를 간소화해주지만, 전략적으로 중요한 권리라면 결국 전문가가 하는 것이 가장 안전하다. 특히 직접 만나 브랜드 방향성과 확장 계획을 이야기하면, 더 정밀한 전략을 세울 수 있다.

브랜드 성장 단계별로 상표 전략을 세우는 것도 현명하다. 창업 초기엔 핵심 브랜드명과 주력 제품군만 등록하고, 매출이 안정되면 추가 구분류를 확장한다. 콘텐츠나 교육으로 사업을 넓히게 되면 41류를, 디지털 상품을 기획할 땐 9류를 검토하는 게 적절하다. 중요한 건, 최소한 지금 당장 운영하고 있는 영역만큼은 반드시 보호받아야 한다는 점이다.

특히 브랜드 이름은 모든 브랜딩과 마케팅의 출발점이자 중심이다. 처음부터 제대로 지켜야 하는 이유가 여기에 있다. 엿츠는 다행히 큰 충돌 없이 등록을 마칠 수 있었지만, 만약 누군가가 '엿츠'를 다른 구분류에 먼저 등록했다면, 지금 우리가 하고 있는 브랜드 운영 전체가 법적으로 제약받을 수도 있었다.

이렇듯 브랜드 자산은 이름만이 아니다. 지켜야 할 권리가 정해졌다면, 등록까지 가야 한다. 지켜낼 수 있어야, 진짜 내 것이 된다.

패키지도 자산이다,
디자인 보호의 힘

03

딱붙엿츠는 처음부터 딱풀 모양을 콘셉트로 한 제품이었다. 재미있고 직관적인 콘셉트라 꼭 해보고 싶었지만, 문제는 지식재산권 등록이었다. 기존에 있던 딱풀 형태를 차용했기에 디자인권이나 실용신안 등록은 시도하지 못했다. 다행히 '엿츠'라는 상표권은 확보해두었기에, 별도로 '딱붙엿츠'라는 이름까지 등록하지는 않았다.

그러던 어느 날, 예상치 못한 일이 터졌다. 언론에 '딱풀 모양 젤리' 관련 기사가 보도되면서, 온라인 채널의 MD가 다급히 연락을 해온 것이다. "이 제품, 판매 중단해야 하는 거 아닐까요?" 순간 머리가 하얘졌다. 이미 수능 시즌을 겨냥해 대량 생산을 마친 상태였기 때문이다.

나는 국민신문고를 통해 식약처에 직접 문의하는 한편, 변리사에게도 조언을 구했다. 그때 본격적으로 패키지 디자인과 지식재산권 보호의 무게를 실감했다.

2021년 8월, 「식품 등의 표시·광고에 관한 법률」이 개정되면서 9월부터는 이른바 '펀슈머(Fun+Consumer)' 제품에 대한 규제가 강화되었다. 겉모습이 일반 공산품과 혼동될 수 있는 식품은 판매에 제약이 생기는 것이다. 수능 시즌을 앞두고 대량 생산을 끝낸 우리로서는 청천벽력 같은 소식이었다. 막바지 준비를 끝낸 시점이라 눈앞이 캄캄했다. 답답한 마음으로 결과를 기다릴 수밖에 없었다.

다행히 식약처의 답변은 우리에게 유리했다. "제품의 크기가 실제 고체품보다 크고, 내용물도 복수 파우치로 구성되어 있어 일반 소비자가 식품으로 오인할 수준은 아닙니다. 다만, 향후 개정되는 총리령에 따라 해석이 달라질 수 있습니다." 조건부 판정이었지만, 일단 판매에는 문제가 없다는 답이었다.

답답한 마음에 상의했더니, 변리사가 딱풀 모양도 보호받을 수 있다고 했다. "입체상표로 등록해두면, 나중에 혹시 문제가 생겼을 때 정당성을 주장할 토대가 될 수 있어요. 기존에 있는 형태라도 그것을 어떤 맥락과 용도로 활용했는지가 중요하거든요. 딱풀을 엿에 적용한 건 독창적 아이디어라, 먼저 상표 등록을 권합니다."

그 순간, 처음으로 '보호'라는 개념이 눈에 들어왔다. 나는 딱풀 모양처럼 이미 존재하는 형태는 권리 등록이 불가능하다고 단정했다. 그런데 변리사의 설명을 듣는 순간 미처 몰랐던 권리가 눈앞에서 살아나는 듯했다. 포기했던 영역에도 보호 방법이 있다는 걸 처음 배웠다.

그 전까지는 제품의 이름이나 로고만 지킬 수 있다고 생각했지, 형태 자체가 상표가 될 수 있다는 건 전혀 알지 못했다. 입체상표 등록은 일반 상표보다 훨씬 까다롭다. 제품을 앞·뒤·좌·우·위·아래 여섯 면에서 촬영한 사진이 필요했고, 도면도 별도로 제출해야 했다. 우리는 이미 모양을 확정해둔 상태라 큰 어려움은 없었지만, 한번 출원하면 이후 수정이 쉽지 않다는 제약이 있었다.

하지만 그 모든 과정을 겪으면서 들었던 생각은 이걸 등록해두면,

누가 베끼더라도 지킬 수 있겠다는 생각이 들었다.

그리고 결국 모방품 사건이 일어났다. 3PL 물류센터 대표가 보내온 링크 속 제품은 딱붙엿츠를 거의 그대로 흉내 낸 것이었다. 패키지 디자인, 콘셉트, 심지어 문구와 톤까지 누가 봐도 모방임이 분명했다.

다행히 우리는 이미 입체상표를 출원한 상태였다. 덕분에 명확한 권리를 주장할 수 있었고, 법적 대응도 준비할 수 있었다. 입체상표를 경험해보니, 자연스럽게 디자인권과는 뭐가 다른지 궁금해졌다.

입체상표와 디자인권은 '모양 보호'지만 적용 기준과 쓰임새가 꽤 다르다. 입체상표는 브랜드로 인식되는 제품 형태를 보호하고, 디자인권은 제품의 시각적 디자인 자체를 보호한다. 입체상표는 식별력, 즉 브랜드를 떠올리게 하는 특징이 중요하고, 디자인권은 새롭고 독창적인지가 핵심이다. 보호 기간도 다르다. 입체상표는 10년마다 갱신 가능하지만, 디자인권은 20년 후 갱신이 불가능하다.

예를 들어, 딱붙엿츠처럼 '딱풀 모양의 엿'이 브랜드로 인식되는 경우에는 입체상표가 적합하다. 반면, '누가 봐도 처음 보는 형태'라면 디자인권으로 보호받는 편이 빠를 수 있다. 결국 중요한 건, 처음부터 이 디자인을 지킬 수 있을지 생각하며 만드는 것이다. 그러므로 제품 디자인을 확정하기 전에 전문가와 함께 법적으로 보호 가능한 형태인지 미리 검토해야 한다. 그 시간이 있는지 여부가 브랜드가 지켜지는지, 복제되는지를 갈라놓는다. 브랜드는 결국 눈으로 기억된다. 패키지를 디자인할 때 가장 먼저 던져야 할 질문이 있다. 이 패키지를 단순한 포장재로 볼 것인가, 아니면 브랜드의 얼굴로 가져갈 것인가? 단순히 제품을 보호하는 기능에 그친다면 굳이 권리를 등록할 필요는 없을지 모른다. 하지만 브랜드를 대표하는 얼굴이라면 이야기가 달라진다. 오래 가져갈 자산이자, 반드시 지켜야 할 권리가 되는 것이다.

  법적 보호는 등록 완료가 목표가 아니다. 브랜드를 운영하다 보면, 보호의 범위와 깊이가 얼마나 중요한지 실감한다. 딱붙엿츠 입체상표를 준비할 때도 그랬다. 처음엔 "딱풀은 원래 있는 형태니까 등록이 안 되겠지" 싶었다. 하지만 전문가에게 자문을 구하니 가능하다는 설명이 돌아왔다. 그 덕분에 단순한 네이밍이 아닌, 제품의 형태까지도 지킬 수 있는 권리를 얻게 됐다. 여기에 더해 문자 상표 '딱붙엿츠'도 함께 등록해두었다. 이름과 형태, 두 축을 동시에 보호해야 진짜 강력한 상표권이 완성되기 때문이다.

  브랜드의 얼굴을 지키는 가장 확실한 방법은 전문가와 함께 전략을 세우는 것이다. 등록 자체가 중요한 게 아니라, 내 브랜드에 꼭 맞는 보호 장치를 설계하는 일이 더 본질적이다. 혼자 할 수도 있지만, 전문가의 시선이 더해질 때 비로소 브랜드는 든든한 울타리를 갖는다.

모방 대응,
어디까지 해야 할까?

04

입체상표 등록이 끝난 직후, 우리는 곧장 모방 업체들에 경고장을 발송했다. 특허청 등록번호, 보호 대상 범위, 침해 사실을 정리해 내용증명 형태로 보냈다. 놀랍게도, 대부분의 업체는 그 경고장 한 통에 바로 판매를 중단했다. "이렇게 쉽게?" 싶을 정도였다. 법적 분쟁을 감당하고 싶지 않다는 뜻이었다. 법적인 권리를 확보했다는 것만으로도 이렇게 달라진다는 걸 느꼈다.

하지만 모든 업체가 그렇게 순순한 건 아니었다. 어떤 업체는 경고장을 받고도 무시하고, 상품명만 살짝 바꾼 채 계속 판매했다. 디자인은 거의 그대로였다. '어차피 별일 없겠지' 하는 태도가 느껴졌다. 그래서 특허청에 심판 청구를 정식으로 진행했다.

특허청 심판은 상표권 침해나 무효 사유 등에 대해 법적 판단을 구하는 공식 절차다. 심판 청구서 작성→피신청인 답변서→재반박서 제출→심리→최종 결정 순으로 진행된다. 소요 시간은 보통 1년 이상이고, 실제로 엿츠의 심판은 지금도 진행 중이다. 이미 2년이 넘었다.

시간도 오래 걸리고, 비용도 적지 않다. 심판 청구 관납료만 해도 수십만 원이 들고, 변리사 비용까지 포함하면 수백만 원 이상이 소요된다. 게다가 결과도 보장되지 않는다. '이긴다'고 끝이 아니라, 심판 결

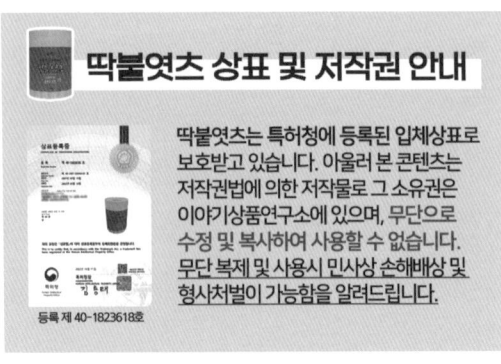

딱불엿츠 무단복제 경고 이미지

과를 상대가 받아들이게 만들고, 시장에서 판매를 멈추게 만드는 것까지 별도의 싸움이다. 이후 그 심판 결과를 근거로 민·형사 소송까지 이어질 수도 있다.

결국 이런 질문이 남는다. 어디까지 대응해야 할까? 나는 혼동 가능성이 높고, 매출에 직접적 영향을 미치는 경우는 반드시 대응해야 한다고 생각한다. 유사하지만 시장 영향력이 크지 않은 경우는 경고장과 쿠팡, 네이버스토어 등 전자상거래 플랫폼 신고까지만 한다. 명백한 침해는 아니지만 기분 나쁜 수준의 유사함이라면 무시하고 더 나은 제품을 낸다.

브랜드가 커질수록 모든 침해에 대응하는 건 사실상 불가능하다. 비용, 시간, 감정 소모까지 감당해야 하기 때문이다. 작은 브랜드는 더더욱 그렇다. 그래서 때로는 법적 조치보다 더 빠르게, 더 나은 제품을 선보이는 것이 훨씬 효과적인 대응이 되기도 한다.

하지만 포기하지는 않는다. 더디고 느리더라도 끝까지 가는 모습을 보여주는 것이 중요하다. 우리도 지금 진행 중인 심판이 2년째지만, 그사이 신규 모방업체들은 눈에 띄게 줄었다. 엿츠는 함부로 건드리면 안 되는 브랜드라는 인식이 퍼진 것 같다. 예방적 경고의 힘도 크다. 상세페이지나 패키지에 '특허청 등록 제○○호', '무단복제 시 법적 조치' 같은 문구만 넣어도 상당한 억제 효과가 있다. 실제로 경고 문구 하나로도 70%의 업체가 스스로 물러났다. 법적 조치를 두려워하기보다, 브랜드를 지킬 준비가 되어 있다는 메시지를 전하는 게 더 효과적일 때가 많다.

 1차 대응은 경고장 발송으로, 내용증명 형태로 법적 근거를 분명히 해 전달한다. 2차 대응은 온라인 플랫폼에 침해 신고를 하는 방식이다. 이때 플랫폼은 생각보다 증빙을 엄격히 요구한다. 출원번호나 등록증 사본, 침해 상품 링크와 화면 캡처, 우리 측 사용 증거(패키지·상세페이지·판매 내역), 혼동 가능성에 대한 간단한 설명 등을 묶어 제출해야 한다. 일부 채널은 특허심판이나 법원 결정 등 최종 결과를 요구하기도 하니, 그 전 단계라면 출원 사실과 사용 사실을 중심으로 소명서를 내고, 반복 판매가 확인되면 가처분이나 심판 청구로 수위를 높이는 편이 현실적이다. 3차 대응은 변리사 상담을 거쳐 특허청 심판이나 민사소송을 고려한다. 이때는 시간, 비용, 승소 가능성 등을 냉정하게 따져야 한다.

 무엇보다 중요한 건, 장기전을 감당하겠다는 마음가짐이다. 당장 이기지 못하더라도, '함부로 건드릴 수 없는 브랜드'라는 인식을 심어주는 것만으로도 충분한 가치가 있다. 법적 조치가 2년씩 걸리더라도,

그 과정 자체가 모방 업체로선 상당한 부담이다. 그런 끈질김이 브랜드를 더 단단하게 만든다.

지금도 나는 가끔 플랫폼에서 딱붙엿츠를 닮은 상품을 발견한다. 하지만 이제는 놀라거나 분노하기보다, 어떤 대응이 브랜드에 도움이 될지를 먼저 계산한다. 우리는 싸우기 위해 브랜드를 만든 게 아니다. 지켜야 할 때는 지키고, 흔들릴 필요 없는 건 흘려보낸다. 그리고 언제나 브랜드의 본질에 집중한다.

정부 지원 제도,
작은 브랜드의 든든한 우산

05

　브랜드를 하다 보면 예상 못 한 비용이 자주 튀어나온다. "이런 것도 돈이 드네" 싶은 순간 말이다. 특히 상표권이나 디자인권처럼 눈에 보이지 않는 자산을 지키는 데 돈을 쓰기가 망설여진다. 매출과 바로 연결되지 않으니까. 나도 그랬다. 그런데 다행히 이런 부담을 덜어주는 정부 지원 제도가 많다. 엿츠도 실제로 그 도움을 여러 번 받았다.

　예를 들어, RIPC(지역지식재산센터)에 가면 소상공인의 특허·상표·디자인 출원 비용을 최대 70~100%까지 지원해준다. 구분류 수나 건별 내용에 따라 자부담이 조금 생길 수는 있지만, 대신 전문가 상담도 함께 받을 수 있다. IP(Intellectual Property, 지식재산) 기초 교육, 권리화 상담을 비롯해 브랜드나 디자인이 등록 가능한지 검토까지 도와준다. 소상공인진흥공단도 출원 비용 일부를 지원한다. 특히 영세 소상공인이나 예비창업자라면 유리하다. 소상공인 인증 같은 주요 사업과 연계된 혜택도 챙길 수 있다.

　조금 더 규모 있는 지원을 받고 싶다면 창업진흥원의 창업패키지를 노려보자. 선정되면 시제품 제작부터 특허·디자인·브랜드 출원까지 전반적인 사업화 자금을 지원받을 수 있다. 보통 5천만 원에서 1억 원 정도 예산이 책정되고, 기업 상황에 맞게 맞춤형으로 운영된다.

마지막으로 특허청은 출원료, 심사청구료, 등록료 같은 비용을 감면해준다. 중소기업이나 소상공인은 최대 70%, 만 29세 이하 청년이나 65세 이상 고령자는 최대 85%까지 감면받을 수 있다.

이런 제도들은 창업 초기에 힘이 된다. 나도 처음엔 이런 게 있는지도 몰랐다. 검색하기도 어렵고, 누가 알려주는 사람도 없었다. 그런데 왜 진작 몰랐을까 싶을 정도로 실질적인 도움이 됐다.

다만 주의할 점도 있다. 지원 기관에서 연결해주는 변리사라고 해서 무조건 믿을 수 있는 건 아니다. 실제로 나는 내용증명으로도 충분히 마무리할 수 있는 상황이었는데, 불리한 결과가 예상되는 소송을 시작하자고 권한 경우가 있었다. 반면 다른 변리사는 단계적으로 접근하자고 했고, 비용도 10배 이상 차이가 났다. 결국 여러 의견을 들어보고, 전략과 비용을 꼼꼼히 비교할 수 있는 판단력이 필요하다.

브랜드 성장 단계마다 지원을 활용하는 방식도 달라진다. 창업 초기라면 복잡하게 생각할 필요 없다. 가장 먼저 해야 할 건 핵심 브랜드명 상표 등록이다. 예산이 빠듯하니까 정부 지원을 최대한 활용해 꼭 필요한 권리부터 지켜두는 게 우선이다.

조금 자리를 잡아 제품 라인이 늘어나는 단계에 들어서면, 구분류를 추가하거나 입체상표를 등록하는 등 더 넓게 보는 것도 좋다. 매출이 안정되고 여유가 생기면 전문 변리사와 장기적으로 함께 가는 전략도 고려할 만하다.

브랜드가 확장기에 접어들면 자연스럽게 해외 시장이 눈에 들어온다. 여기서부터는 진짜 갈림길이다. 국내 상표권만으로는 보호가 안 된다. 한국에서 '엿츠'를 등록해도, 중국이나 일본에서는 아무 힘이 없다. 각 나라에 따로 등록해야 한다. 물론 마드리드 의정서를 활용한 국제 출원 제도도 있지만, 이 역시 전략과 비용이 따라붙는다. 엿츠도 해외 진출을 고민하면서 같은 문제에 부딪혔다. 어떤 나라를 먼저 등록할지, 언제 출원할지, 타이밍 하나하나가 고민거리였다. 성급히 서두르면 불필요한 비용 부담만 커지고, 늦으면 누군가 먼저 등록할 위험이 있었다.

정부 지원을 신청할 때는 몇 가지 유의할 점이 있다. 사업계획서는 최대한 구체적으로 작성하고, 경제적 효과와 사회적 가치를 함께 강조하며, 신청 마감일은 넉넉하게 확인하자. 기관별 중복 지원 가능 여부도 미리 체크해두면 좋다.

무엇보다 중요한 건, 이런 제도들이 매년 조금씩 조건이 바뀐다는 점이다. 감면율, 지원 한도, 자부담 조건 등은 해마다 공고문 기준으로 달라질 수 있고, 같은 기관이라도 사업마다 적용 방식이 다르다. 따라서 신청 전에는 반드시 각 기관 홈페이지나 해당 연도의 사업 공고문을 직접 확인해야 한다.

이런 지원 제도를 활용할 때, 지식재산권 확보는 어떤 순서로 접근하면 좋을까? 브랜드를 전략적으로 키워야 한다. 돈이 없으면 제도를 잘 써야 하고, 예산이 작으면 더 치밀하게 순서를 짜야 한다. 모든 지재권을 한꺼번에 등록하기는 어렵다. 나는 예산 규모에 따라 다음과 같이 우선순위를 나눴다. 100만 원 이하라면 브랜드명 상표 등록(1개 구분)부터 시작하고, 정부 지원을 최대한 활용하며 온라인 저비용 서비스를 이용하는 게 좋다. 200~500만 원 정도면 다중 구분 상표 등록과 더불어 입체상표나 디자인권 확보도 고려할 수 있다. 이때부터는 변리사 활용을 병행하는 게 안전하다. 500만 원 이상이 가능하다면 해외 상표 출원과 상시 모니터링 체계까지 포함한 종합 전략이 가능하다.

결국 핵심은 예산보다 순서다. 당장 필요한 것부터 지켜내고, 성장하면서 하나씩 보완하면 된다. 혼자 운영하다 보면 모든 걸 떠안으려는 마음이 든다. 그런데 진짜 혼자 다 할 필요는 없다. 이미 누군가를 위해 만들어진 제도들이 있고, 그걸 활용하는 건 남의 도움을 빌리는 게 아니라 현명한 선택이다. 작은 브랜드일수록 공공의 자원을 잘 쓰는 사람이 더 멀리 간다.

작은 브랜드에게 제도는 울타리이자 디딤돌이다. 필요한 순간에 기꺼이 기대면, 한발 더 단단하게 나아갈 수 있다. 이런 지원 제도들을 하나씩 들여다보니, 그동안 당연하게 여겼던 것들이 새삼 고맙게 느껴진다. 꼭 필요한 사람들이 이런 제도의 혜택을 받았으면 좋겠다.

작은 브랜드가 당당해지는 법

06

　브랜드를 만든다는 건 내가 만든 무언가를 세상에 내놓는 일이다. 그리고 그걸 누군가가 모방했을 때, 내가 만든 걸 마치 자기 것처럼 흉내 냈을 때, 기분이 참 복잡해진다. 화가 나기도 하고, 억울하기도 하고, 어쩔 수 없는 무력감에 빠질 때도 있었다. 이걸 만들기까지 얼마나 애썼는데, 그 마음을 아는 사람은 많지 않다.

　그런데 어느 날 문득 이런 생각이 들었다. 모방은 우리가 잘하고 있다는 증거일지도 모른다. 누군가가 흉내 내고 싶을 정도로 우리가 만든 것에 힘이 있었다는 뜻이니까. 우리가 전한 감정, 메시지, 아이디어가 어딘가에서 울림을 줬다는 뜻이니까.

　그렇다고 해서 그냥 두고 보겠다는 말은 아니다. 우리가 만든 건 지켜야 한다. 그건 감정의 문제가 아니라 원칙의 문제다. 누군가를 쓰러뜨리기 위한 싸움이 아니라, 내가 만든 것을 정당하게 지켜내기 위한 준비이기도 하다. 그게 바로 작은 브랜드가 가져야 할 당당함이다.

　브랜드는 만드는 것만큼 지키는 것도 중요하다. 지키는 준비가 되어 있어야 브랜드가 더 자유로워진다. 울타리가 있어야, 안에서 마음껏 뛸 수 있다. 처음 시작할 땐 브랜드를 따라 하는 사람이 생기고, 상표권, 입체상표, 디자인권 같은 단어들이 내 일상이 될 거라고는 상상도 못 했다. 그런데 이제는 브랜드는, 만들고, 전하고, 지키는 모든 과정의 합임을 안다.

브랜드는 결국 기억이다. 사람들이 기억할 만한 이름, 형태, 메시지를 진심으로 지켜내는 사람만이 브랜드를 오래 이어갈 수 있다. 그리고 그 힘은, 거대한 자본이나 조직보다 태도에서 나온다. 작은 브랜드일수록 더 치밀하게, 더 전략적으로 접근해야 한다. 법무팀도 없고, 무제한 예산도 없어서 모든 걸 혼자 챙겨야 하니까.

하지만 작은 브랜드가 무조건 불리하기만 한 건 아니다. 최근에는 소규모 창업자와 스타트업을 위한 보호 장치와 지원 제도가 점점 늘어나고 있다. 상표 출원 비용을 줄여주는 정부 지원 사업, 디자인권이나 지식재산권 상담을 무료로 제공하는 기관, 청년 창업자를 대상으로 한 변리사 매칭 프로그램까지. 예전 같으면 큰 기업만 누릴 수 있었던 법적 울타리가, 이제는 작은 브랜드에게도 열리고 있는 셈이다.

물론 모든 걸 다 지킬 수는 없다. 하지만 가장 중요한 이름과 로고, 패키지부터 하나씩 확보해나가는 것은 작은 브랜드가 선택할 수 있는 가장 현실적인 전략이다. 지키는 과정이 버겁게만 느껴질 수 있지만, 제도와 지원을 적극적으로 활용하면 충분히 당당하게 맞설 수 있다.

엿츠를 시작할 때는 "엿을 현대적으로 만들어보자"라는 단순한 생각이었다. 하지만 지금은 브랜드를 지킨다는 건 그 속에 담긴 이야기와 가치를 지키는 일이라는 걸 안다. 누군가의 응원이 되고 싶다는 마음, 전통을 새롭게 해석하고 싶다는 열정, 작지만 의미 있는 변화를 만들고 싶다는 꿈은 브랜드의 정체성이자, 브랜드를 지켜야 할 이유다.

작은 브랜드여도 지킬 가치는 충분하다. 아직 작고 여리고 완벽하지 않더라도, 시작했다는 것만으로도 용기 있는 일이고 그 용기를 끝까지 밀고 나가겠다는 마음이면 충분하다. 법적 보호는 그 용기를 뒷받침해 주는 든든한 방패가 된다.

"작지만 당당하게"는 작은 브랜드의 가장 큰 힘이다. 크기로 승부하는 게 아니라 진정성으로, 자본으로 밀어붙이는 게 아니라 이야기로 사람들의 마음을 움직인다. 그리고 그 모든 것을 지켜낼 준비가 되어 있다는 걸 세상에 보여준다.

브랜드를 지킨다는 건, 결국 꿈을 지키는 일이다. 내가 세상에 전하고 싶었던 메시지, 누군가에게 건네고 싶었던 마음, 조금이라도 더 나은 변화를 만들고 싶었던 바람을 지켜내는 것이다. 그 꿈이 함부로 짓밟히지 않도록, 누군가 마음대로 가져가지 못하도록 지키는 것이 브랜드 보호의 진짜 의미다.

시작은 늘 작다. 하지만 그 작은 시작을 끝까지 지켜낸 사람만이 진짜 브랜드를 완성할 수 있다. 여러분의 브랜드가 그렇게 완성되기를, 그리고 오래도록 사랑받는 이야기가 되기를 바란다.

Chapter 7.

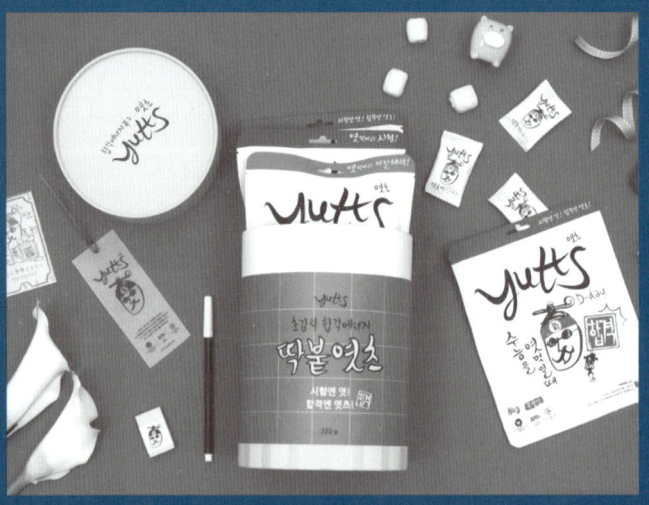

사업계획서:

꿈을 현실로 바꾸는 설계도

나를 설득하는

사업계획서 쓰기

나 자신을 설득하는
첫 번째 문서

01

엿 공장을 처음 방문했을 때의 기억은 아직도 생생하다. 보리를 싹 틔워 만든 엿기름과 찰진 쌀이 만나 만들어진 조청에서 자연스레 단내가 풍기며 코끝을 간질였고, 갱엿을 당겨 하얗게 변해가는 흰엿의 모습은 마치 마법 같았다. 그땐 그 장면이 '엿츠'라는 브랜드의 시작이 될 줄은 상상도 못 했다.

처음엔 단순한 생각이었다. 전통 간식을 요즘 감성으로 한번 풀어보면 어떨까? 하지만 생각만으로 브랜드가 만들어지진 않는다. 아이디어를 상품으로 구체화하고, 그것을 고객에게 닿는 언어와 이미지로 번역하고, 실제 시장에 안착시키기까지 수많은 선택의 순간이 필요했다. 그리고 그 단계 하나하나를 정리해준 도구가 바로 사업계획서였다.

처음에는 솔직히 귀찮은 숙제라고만 생각했다. 예전 직장에서 신규 프로젝트 예산 따낼 때 쓰던 형식적인 서류가 떠올랐다. 그런데 직접 써보니 완전히 달랐다. 머릿속에 흩어져 있던 아이디어들이 하나의 그림으로 모이기 시작했고, '엿츠'라는 브랜드가 가야 할 방향이 점점 선명해졌다.

빠뜨린 요소가 보이고, 비현실적인 목표도 걸러졌고, 무엇보다 정말 이걸 할 준비가 됐는지 하는 질문 앞에서 진짜 내 마음을 마주하게 됐다. 생각보다 어려운 건 외부를 설득하는 게 아니라, 내 자신을 설득하는 일이었다. 이 시장은 정말 가능성이 있는가? 내가 이 일을 꾸준히 해낼 수 있을까? 다른 사람들도 이 가치를 공감해줄까? 그 질문들에 정직하게 답하다 보면, 처음엔 흐릿했던 브랜드의 이유가 또렷하게 보이기 시작한다.

엿츠를 한 단계 고급화하려면, 우리 힘만으로는 한계가 있었다. 공신력 있는 기관과의 협업이 필요했고, 그래서 찾아간 곳이 산청한방약초연구소였다. 하지만 관내 기업이 아닌 우리가 그 문을 두드리려면, 내세울 만한 자료가 필요했다. 그렇게 급히 만든 것이 첫 번째 사업계획서였다. 시장 분석과 매출 전망, SWOT 분석까지 억지로 끼워 넣은, 그저 대기업을 흉내 낸 문서였다. 나조차 설득되지 않는 종이 묶음이었다.

다행히 소징님은 그 안에서 숫자가 아닌 더 중요한 것을 찾아냈다. "전통 간식을 현대적으로 재해석하겠다"라는 단 한 줄의 진심을 보고, 관내 기업이 아님에도 손을 내밀어주셨다. 결국 사업계획서란 형식이 아니라, 결국 나의 언어로 담아낸 확신이어야 한다.

내 언어로 쓰는
브랜드 설계도

02

전문 용어나 남들이 쓰는 표현이 아닌, 오롯이 내 말로 사업계획서를 다시 썼다. 처음에 사업계획서를 써보려 했을 때, 당연히 인터넷 검색부터 했다. 자료들은 모두 비슷했다. 전문 용어로 빼곡하고, 표와 그래프로 무장한 정답 같은 문서들이었다. "수익성 분석 기반 시장 규모 예측 및 타겟 고객 세분화 전략…" 읽는 순간 답답했다.

내가 전하고 싶은 '엿'의 따뜻함, 긍정 에너지 같은 감정은 어디에도 없었다. 그 틀에 맞춰 쓰려니 "전통식품의 현대적 재해석을 통한 프리미엄 시장 세분화" 같은 딱딱한 말밖에 나오지 않았다. 틀린 말은 아니지만, 내가 하고 싶은 말은 아니었다.

그래서 형식을 버리고 내 언어로 쓰기 시작했다. "엿은 단순한 간식이 아니라 우리 조상들의 지혜가 담긴 에너지 식품입니다. 긍정 에너지를 전하는 엿츠는 뇌의 에너지원인 포도당을 자연스럽게 공급하면서, 현대인들에게 응원과 위로를 전합니다." 그제야 비로소 나다운 사업계획서가 만들어지기 시작했다.

내 언어로 사업계획서를 써보겠다고 마음먹었는데, 막상 컴퓨터 앞에 앉으니 아무 말도 안 나왔다. 빈 페이지를 한참 바라보다가 예전에 학교에서 배웠던 '누가, 무엇을, 언제, 어디서, 왜, 어떻게'라는 육하원

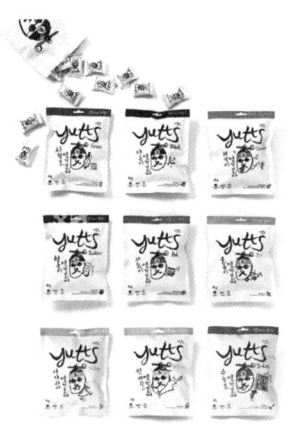

 칙이 떠올랐다. 단순해 보였는데, 이 물음이 나에게 딱 맞는 프레임이 되어줬다.

 '누가'는 가장 어려운 물음이었다. 이 브랜드를 만들고 싶은 우리는 누구인지, 그리고 누구에게 전하고 싶은지를 생각해야 했다. 생각보다 여기서 제일 오래 걸렸다. 이건 결국, 나에 대한 질문이기도 하니까. 우리가 왜 식품 브랜드를 만들려고 하는가? 그 과정에서 타깃 고객도 '20대 여성'이 아니라, '응원이 필요한 순간에 있는 사람들'이라는 본질적인 답으로 이어졌다.

 '무엇을'은 겉으로 보이는 것과 본질을 구분해주는 질문이었다. 엿이라고 말하긴 했지만, 그냥 엿이 아니라 기분을 건네는 무언가였다는 걸 알게 됐다. 우리가 파는 건 당분이 아니라 응원이었다.

 '언제'는 단순한 출시 시점이 아니라, 브랜드의 시간 전략 전체였다. 언제 시작할 것인가, 언제까지 첫 목표를 달성할 것인가, 시장 진입 타이밍은 언제가 좋은가? 처음엔 수능 시즌에 출시하면 좋겠다고만 생각했는데, 하나의 타이밍을 정하니까 전체 일정이 역산되면서 보이기 시작했다. 곧 전체 로드맵이었다.

'어디서'는 브랜드의 성격을 결정하는 선택이었다. 어디서 팔 것인가는 판매 채널을 넘어, 어떤 이미지로 다가갈 것인가의 문제였다. 온라인부터 시작해서 편집숍, 백화점으로 조금씩 확장하고 싶었다. 각 채널마다 요구하는 브랜드의 모습이 다르다는 걸 깨달았다.

'왜'는 사업계획서의 심장이었다. 이 물음에 대한 답이 명확하지 않으면, 다른 모든 계획이 흔들렸다. "응원이 필요할 때 엿을 떠올릴 수 있다면." 그 이유 하나가 우리 브랜드의 모든 결정을 이끄는 나침반이 됐다.

'어떻게'는 이상을 현실로 바꾸는 구체적인 방법이었다. 전통 방식으로 만들고, 현대적인 패키지로 담고, 내가 전하고 싶은 이야기를 브랜드에 녹이는 방식이었다. 여기서 "어떻게 팔까?"보다 먼저 "어떻게 보여줄까?"를 고민해야 한다는 걸 깨달았다.

이 물음에 하나씩 답해가면서, 머릿속에 흩어져 있던 아이디어들이 하나의 그림으로 모이기 시작했다. 처음엔 그저 해보자는 막연한 생각이 구체적인 브랜드 전략으로 바뀌어갔다. 생각은 머릿속에 늘 있는 것 같았지만, 막상 글로 쓰다 보면 의외로 비어 있는 부분이 많았다. 육하원칙은 그 빈 공간을 하나씩 채워나가는 가장 기본적이면서도 강력한 도구였다. 형식적인 자료를 아무리 그럴듯하게 붙여 넣어도, 정작 나 자신조차 설득되지 않는다면 남을 설득할 수 없다. 그래서 사업계획서는 결국 내 언어로 써야 한다. 내가 왜 이 브랜드를 시작했는지, 무엇을 믿고 있는지, 어떤 변화를 만들고 싶은지가 분명해야 한다.

요즘은 생성형 AI 같은 도구들도 종종 거론된다. 물론 편리하다. 하지만 스토리텔링 없는 계획서는 빈 껍데기일 뿐이다. 내가 가진 뼈대와 진심이 있을 때만, 그 위를 다듬어주는 좋은 조력자가 된다.

예를 들어, "응원이 필요한 사람들에게 엿으로 긍정 에너지를 전하고 싶다"는 핵심 메시지를 정리해두면, AI는 이를 투자자용으로는 "시장 니즈와 차별화 포인트", 협력사용으로는 "브랜드 파트너십 가치", 고객용으로는 "감성적 연결점"과 같이 각기 다른 언어로 번역해준다. 하지만 그 원재료가 되는 나만의 이야기는 결국 내가 만들어야 한다.

현실과 마주하는 **재무 설계**

03

 브랜드의 뼈대를 잡고 나면, 결국 돈의 문제와 마주한다. 제품 아이디어와 스토리가 아무리 매력적이어도, 돈의 흐름을 외면하면 브랜드는 오래 버티기 어렵다. 많은 창업자가 그렇듯, 나도 재무 설계라는 단어만 들어도 머리가 복잡해졌다. 특히 식품 브랜드는 생각보다 변수가 많았다. 초기 투자 비용, 생산 단가, 유통 마진, 재고 부담까지 머리가 아팠다. 처음엔 꽤 낙관적으로 접근했다. "이 정도면 충분하겠지"라는 마음으로 계획을 세웠지만, 실제 사업을 진행하면서 계획을 여러 번 수정해야 했다. 예상보다 더 오래 걸렸고, 더 많이 들었고, 매출은 훨씬 늦게 들어왔다.

 재무 설계를 하는 진짜 이유는 정확하게 예측하기 위해서가 아니다. 투자자나 파트너들이 보는 것도 정확하게 들어맞는 숫자를 원하는 게 아니라, 얼마나 신중하게 접근했는지, 위험을 어떻게 관리하려고 하는지 태도를 확인하는 것이다. 숫자 자체보다 그 숫자를 만들어낸 사고 과정을 본다.

 그래서 나는 재무 설계를 할 때 예상 매출은 보수적으로, 예상 비용은 여유 있게 잡는다. 돈이 남으면 다행이지만, 모자라면 바로 흔들리기 때문이다. 재무 설계의 핵심은 미래를 정확히 맞히는 게 아니라, 내가 감당할 수 있는 한계를 명확히 하는 것이다.

엿츠는 초기에 소량 생산으로 시작했다. 대량 생산에 비해 단가는 높아졌지만, 재고 부담을 최소화하고 초기 자금 투입을 줄일 수 있었다. 만약 첫 제품 반응이 예측과 달라도 치명타는 아닌 정도의 규모로 시작한 것이다. 작은 브랜드로서는 한 번의 실패가 전체를 무너뜨리지 않는 구조를 만드는 게 가장 중요하다.

재무 설계를 하면서 반복해서 던진 물음들이 있었다. 6개월간 매출이 없어도 버틸 수 있는가? 손익분기점까지 얼마나 걸릴 것인가? 최악의 상황에서도 브랜드를 이어갈 방법이 있는가? 이 구상을 파트너에게 설명할 수 있는가? 이 물음들에 답을 적어보는 것만으로도, 막연했던 불안이 구체적인 대비책으로 바뀐다. 그리고 산청한방약초연구소 같은 파트너들과 미팅할 때도, 이런 준비가 있다는 것만으로도 훨씬 신시하게 받아들여졌다.

설계는 언제든 바뀔 수 있다. 하지만 그 준비를 하는 과정에서, 나는 내가 정말 이 일을 할 준비가 됐는지 확인할 수 있었다. 숫자는 감정 없이 말해준다. 내가 이 브랜드를 아무리 사랑해도, 세상에 꼭 필요하다고 믿어도, 지속 가능한 구조가 아니라면 결국 무너진다. 냉정하고 아픈 현실이지만, 그 덕분에 비로소 실행 가능한 계획이 만들어진다. 예측이 틀려도 괜찮다. 중요한 건, 언제든 수정할 수 있는 여유를 남겨두는 것이다.

그래서 재무 설계는 투자자에게 보여주기 위한 형식적 문서가 아니다. 가장 먼저는 나 자신을 향한 질문이고, 내가 준비된 창업자인지를 확인하는 첫 시험지다.

일기장에서 커뮤니케이션 도구로

04

내 언어로 사업계획서를 완성했을 때, 뿌듯함과 함께 안도감이 밀려왔다. 하지만 이 문서가 서랍 속에만 머문다면, 일기장이나 다름없었다. 브랜드는 혼자 만들 수 없다. 공장을 찾고, 디자이너와 협업하고, 판매 채널을 개척해야 한다. 그 모든 과정에서 사업계획서는 나 대신 말해주는 도구였다.

처음 엿 공장을 찾았을 때를 잊지 못한다. 사업계획서 없이 "엿을 만들고 싶다"고만 말했다면, 아마 진지하게 받아들여지지 않았을 것이다. 대신 나는 엿츠가 어떤 브랜드인지, 누구를 향하는지, 어떻게 팔 계획인지를 간결히 담은 문서를 내밀었다. 대표는 페이지를 넘기다 눈빛이 진지해졌다. "아, 이런 걸 다 준비해 오셨네. 제대로 하시려는 거군요." 그 순간, 주문 상담은 파트너십의 대화로 바뀌었다.

브랜드 디자인을 맡길 때는 액션서울이라는 브랜딩 전문 회사와 협업했다. 막연히 전통적이면서도 현대적인 디자인을 요구한 것이 아니라, 사업계획서를 통해 엿츠의 구체적인 브랜드 스토리와 타깃 고객, 지향하는 이미지를 명확히 보여줄 수 있었다. 그 안에는 브랜드 콘셉트, 엿츠가 가진 말투, 전통을 현대에 옮기고 싶다는 진심까지 담겨 있었다.

편집숍 입점을 위해 바이어들을 만날 때도 사업계획서는 필수였다. 바이어들은 하루에도 수십 개의 브랜드를 검토한다. 그들에게는 매출보다 지속 가능성이 더 중요했다. 이 브랜드는 앞으로 어떻게 확장할지, 계절상품인지 상시 라인업인지, 고객이 계속 찾을 이유가 있는지 등의 질문들에 가장 잘 대답해준 건 사업계획서였다.

결국 사업계획서는 신뢰를 형성한다. 포맷이 완벽해서가 아니라, 그 안에 담긴 방향의 선명함과 내가 준비되어 있다는 태도를 바탕으로 하기 때문이다. 진심과 지속 가능성, 협력 가능성을 그걸 느끼는 순간, 상대방은 내 편이 된다.

하지만 곧 새로운 문제와 마주했다. 내 언어로 쓴 기본 사업계획서만으로는 모든 상황을 감당할 수 없었던 것이다. 정부 지원사업에 제출할 때, 협업을 제안할 때, 유통 담당자를 만날 때는 다른 언어가 필요했다. "응원이 필요할 때 엿을 떠올릴 수 있다면"이라는 문장이 아무리 진심이어도, 그들이 원하는 답은 아닐 때가 있었다. 그때는 시장 규모, 경쟁 분석, 재무 계획, 성장 전략 같은 키워드가 요구됐다.

이럴 땐 핵심은 바꾸지 않고, 표현만 상황에 맞게 조율하면 된다. 진심은 하나지만, 전달 방식은 상대에 따라 달라져야 했다. 엿츠의 브랜드 에센스는 변하지 않지만, 그 설명은 맥락마다 달랐다. 지원사업 심사위원 앞에서는 "전통식품의 현대적 재해석을 통한 새로운 시장 창출", 협업 파트너에게는 "전통식품을 재해석한 위트 있는 프리미엄 브랜드", 유통 바이어에게는 "MZ세대 타깃의 웰니스 푸드 카테고리"로 번역했다.

무리하지 않는
단계별 성장 계획

05

사업계획서를 쓸 때 가장 어려운 부분 중 하나가 언제까지 뭘 할 것인지 정하는 일이었다. 너무 보수적으로 잡으면 파트너나 투자자가 아쉬워하고, 너무 공격적으로 쓰면 결국 못 지키게 된다. 엿츠도 처음엔 욕심이 많았다. "첫해 손익분기점 달성" 같은 계획을 세웠다가 현실과 부딪혀서 몇 번이나 다시 고쳐 써야 했다. 그때 무리하지 않는 성장이 결국 가장 빠른 성장이라는 걸 느꼈다.

첫 번째 단계는 브랜드 정체성 확립 단계로 첫 6개월 핵심 제품 5종을 개발하고 출시하며 온라인 직영몰 중심으로 판매를 시작했다. 동시에 소셜 미디어를 통한 브랜드 스토리를 전파하고 초기 고객층을 형성하는 데 집중했다. 처음 6개월은 우리가 누구인지 알아가는 시간이었다. 제품을 만들고, 고객 반응을 듣고, 피드백을 받아서 조금씩 제품도, 말투도, 패키지도 수정해나갔다. 이 시기에는 매출보다 브랜드의 방향을 잡는 것이 훨씬 더 중요했다.

두 번째 단계는 채널 확장 단계로 제품 라인업을 추가하고 시즌 한정 제품도 출시했으며, 선별된 편집숍에 입점하고 팝업스토어를 통한 오프라인 경험을 제공하면서 커뮤니티를 활성화했다. 이제 어느 정도 방향이 잡히고 나니 어디서 만날 수 있는지가 중요해졌다. 하지만 아무 데나 들어가진 않았다. 우리 브랜드와 어울리는 공간, 우리 고객이 자주 머무는 공간을 골라서 천천히, 신중하게 확장해나갔다.

세 번째 단계는 브랜드 영향력 강화 단계로 백화점 같은 프리미엄 채널에 진출하고 관련 카테고리로 제품을 확장하며 브랜드 협업을 추진하고 해외 시장을 살펴보는 시기였다. 이제 조금씩 '브랜드다운 활동'을 할 수 있게 됐다. 다른 브랜드와 콜라보도 해보고, 새로운 제품군도 시도해보고. 하지만 여전히, 핵심은 잃지 않으려고 했다.

각 단계마다 이 정도는 채워야 다음 단계로 간다는 기준을 미리 정해뒀다. 첫 단계에서는 월 매출 목표 달성과 고객 만족도 70% 이상, 두 번째 단계에서는 편집숍 5곳 이상 입점과 재구매율 20% 이상, 세 번째 단계에서는 프리미엄 채널 입점과 브랜드 인지도 조사 결과 확보를 목표로 했다. 이 기준 덕분에 아직 준비도 안 됐는데 욕심내는 실수를 미리 방지할 수 있었다. 이런 단계적 접근법이 처음엔 답답해 보일 수도 있다. 하지만 각 단계를 차근차근 채워가는 것이야말로 브랜드가 긴강하게 성장하는 가장 확실한 방법이다.

작은 브랜드만의
전략을 찾다

06

사업계획서를 쓰다 보면, 자꾸 대기업의 성공 방식을 따라 하고 싶은 마음이 든다. 대규모 마케팅, 전국 유통망, 빠른 확장. 나도 처음엔 그게 정답인 줄 알았다. 빨리, 크게 만들어야 한다는 압박감이 있었다. 하지만 현실은 그 반대였다. 현실적으로는 어렵기도 했고, 무엇보다 그런 방식이 우리에게는 맞지 않는다는 걸 시간이 지나고야 깨달았다. 그러자 우리는 작기 때문에 가능한 방식이 있을 거란 생각이 들었다.

대기업은 규모로 승부하지만, 작은 브랜드는 이야기로 승부할 수 있다. 엿츠는 처음부터 전통 먹거리에 담긴 문화적 의미와 긍정 에너지를 우리 메시지로 삼았다. 왜 이걸 시작했는가에 대한 이야기가 결국 소비자의 마음을 움직이는 가장 강력한 무기였다. 음식 브랜드라면 더욱 그렇다. 음식에는 사람의 이야기가 담겨 있다. 내가 만들고 싶은 제품에는 어떤 이야기가 있을까? 그 이야기를 사업계획서의 중심에 두었다.

크게 성장하겠다는 목표보다 지금 할 수 있는 걸 제대로 해내는 것이 더 중요했다. 엿츠도 온라인 직영몰과 소수 편집숍 입점으로 시작했다. 조금 팔아보고, 피드백을 듣고, 그걸 바탕으로 한 걸음씩 채널을 늘려나갔다.

그런데 이런 천천히 가는 방식에도 장점이 있다. 작은 브랜드의 진

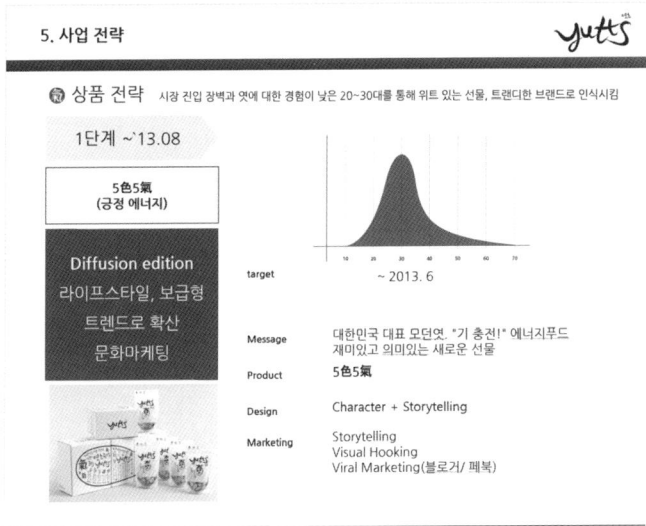

엿츠 사업계획서

짜 힘은, 계속해서 우리를 지켜봐주는 사람들이다. 우리는 초반부터 SNS에 제작 과정을 공유했고, 수능 시즌에는 응원 메시지를 담은 캠페인도 했다. 그런 이야기들이 브랜드와 고객 사이에 작지만 깊은 감정적 유대를 형성했다.

또 다른 장점은 비슷한 처지의 회사들과 협력할 수 있다는 점이다. 혼자서는 할 수 없는 일들을 다른 작은 브랜드와 함께 해결했다. 물류비 절약을 위한 공동 배송, 전시회 참가를 위한 공동 부스, 마케팅 비용 절감을 위한 협업 캠페인 등. 경쟁자가 아니라 동반자라는 마음가짐으로 접근하니 서로에게 도움이 됐다.

결국 이런 깨달음들이 우리만의 사업계획서 철학으로 이어졌다. 우리는 대기업처럼 수십 페이지짜리 보고서를 만들 필요가 없다. 필요한 건 복잡한 숫자가 아니라, 진정성 있는 설명과 현실적인 전략, 일관된 철학이다. 작은 브랜드의 가장 특별한 경쟁력은 크게 보이려고 애쓰는 게 아니라, 작기 때문에 할 수 있는 걸 정확히 아는 것이다.

사업계획서를 쓸 때도 마찬가지다. 남의 틀을 억지로 따라 하려 하지 말고, 우리만의 이야기와 방식을 찾아보자. 작은 브랜드이기 때문에 가능한 진정성 있는 계획서가 결국 가장 강력한 무기가 될 것이다.

사업계획서는
살아 있는 문서다

07

사업계획서를 처음 다 썼을 땐, 어느 정도 끝났다고 생각했다. "이제 이 계획대로만 하면 되겠구나." 그런데 현실은 계획보다 훨씬 더 복잡하고 빠르게 움직였다. 엿츠의 첫 사업계획서와 지금의 모습은 상당히 다르다. 처음엔 온·오프라인 매장을 중심으로 생각했지만 코로나로 인해 전면 온라인으로 급선회했고, 타깃 고객도 자연스럽게 확장됐다. 제품 라인업, 가격 정책, 마케팅 방식 하나도 원래 계획대로 진행된 게 없었다.

그럴 때마다 계획서를 다시 펼쳤다. 온라인 매출이 예상보다 빠르게 늘자 오프라인 확장 전략을 수정하고, 원료 공급처가 바뀌면서 생산 흐름 전체를 다시 정리했다. 계획은 처음부터 완벽하게 짜는 게 아니라, 실행하면서 계속 고쳐나가는 것이라는 걸 그때 조금씩 체감하게 됐다. 그 과정을 통해 우리도 조금씩 견고해졌다.

사업을 하다 보면 처음 계획과는 전혀 다른 방향으로 흘러가기도 한다. 예전 같았으면 계획이 틀렸다는 생각에 혼란스러웠을 텐데, 지금은 시장이 우리에게 더 나은 방향을 알려주고 있다는 생각이 든다. 엿츠는 지금도 분기마다 사업계획서를 다시 열어본다. 목표로 잘 향하고 있는지, 시장 반응은 어떻게 바뀌었는지, 앞으로 어디로 가야 할지 점검한다. 예상보다 온라인이 잘 풀리면서 처음엔 생각도 안 했던 팝업 스토어, 기업 선물용 패키지 같은 것들이 추가됐다. 계획에 없던 일들이었지만, 고객의 반응을 보면서 자연스럽게 생겨난 방향이었다.

때로는 계획보다 빨라지기도, 늦어지기도 한다. 계획은 계획일 뿐이다. 예상하지 못한 변수는 늘 생긴다. 시장 상황이 급변할 때도 있었고, 반대로 온라인 판매가 예상보다 빨리 성과를 내서 계획보다 앞당겨 확장한 적도 있었다. 중요한 건 계획에 매몰되지 않는 것이다. 시장의 흐름과 우리의 역량을 보면서 유연하게 조정하되, 전체 방향은 잃지 않아야 한다.

물론 실패했던 구상들도 있었다. 두 번째 단계에서는 스타벅스 계산대 옆 상품으로 제안을 받아서 최종 사장심사까지 갔지만 떨어졌고, 드라마 올인 PPL 등 많은 제안들도 있었다. 이런 유수한 업체에서 먼저 제안을 해주었던 경험도 있었지만, 모두 성사되지는 않았다. 그중 일부는 우리 브랜드와 맞지 않는 방향이어서, 기회가 아깝긴 했지만 브랜드 정체성이 흐려질 것 같아 하지 않기로 했다.

하지만 이런 경험들도 우리 브랜드를 더 명확하게 만들어주는 과정이었다. 무엇이 우리답지 않은지 확실히 알 수 있었으니까. 사업계획서는 서랍에 넣어두는 문서가 아니다. 살아 있는 문서여야 한다. 시장의 변화에 따라, 고객의 반응에 따라, 그리고 우리가 성장해가는 속도에 맞춰 계속 다시 써야 한다. 중요한 건 브랜드의 본질은 지키면서, 방법은 유연하게 바꿔가는 것이다.

오늘 당장 시작하는
사업계획서

08

거창한 계획보다 중요한 건 지금 시작하는 것이다. 사업계획서라고 하면 많은 사람들이 부담스러워한다. 몇십 페이지는 써야 하는 거 아닐까? 전문적인 용어로 가득 채워야 하는 거 아닐까? 하지만 처음 시작할 때는 그럴 필요가 없다. 엿츠의 첫 사업계획서도 A4 몇 장이 전부였다. 하지만 그 몇 장이 브랜드의 시작을 만들어줬다.

실제로 써볼 수 있도록, 간단한 워크시트를 만들어봤다. 복잡한 것보다는 핵심만 담아서, 지금 당장 시작할 수 있도록 했다. 브랜드 기본 정보부터 시작했다. 브랜드명과 한 문장으로 표현한 브랜드 콘셉트, 주요 제품이나 서비스를 썼다. 그다음에는 앞서 말한 육하원칙으로 정리해본다. 사업 주체와 주요 타깃 고객, 제공할 상품과 핵심 특징, 출시 시기와 주요 일정, 판매 채널과 지역적 범위, 브랜드 미션과 핵심 가치, 생산 방식과 마케팅 전략을 적어보면 된다.

시장 분석 요약에서는 시장 규모와 추세, 주요 경쟁사, 경쟁 우위 요소를 간단히 정리하고, 실행 계획에서는 첫 번째 단계인 출시 전, 두 번째 단계인 출시부터 6개월까지, 세 번째 단계인 6개월부터 1년까지의 계획을 세워본다. 자금 계획에서는 초기 투자 비용과 월 예상 운영 비용, 목표 월 매출, 손익분기점 예상 시기를 적어보고, 리스크 관리에서는 예상되는 주요 위험과 대응 방안을 생각해본다. 마지막으로 측정 지표에서는 성공을 측정할 핵심 지표와 측정 주기를 정해둔다.

모든 칸을 다 채우지 못해도 괜찮다. 지금 모르는 부분은 비워두고, 나중에 채워나가면 된다. 중요한 건 시작하는 것이다. 엿츠도 처음에는 모든 답을 알지 못했다. 경쟁사가 누구인지, 정확한 타깃 연령대는 어떻게 되는지, 손익분기점이 언제인지 등등, 아는 것보다 모르는 게 더 많았다. 하지만 일단 써보기 시작하니까, 뭘 더 알아봐야 하는지가 보였다. 비어 있는 칸들이 숙제를 만들어줬다.

처음엔 한 장이면 충분하다. 하지만 시간이 지나면서 내용이 늘어날 것이다. 각 항목이 더 구체화되고, 새로운 아이디어가 추가되고, 시장 분석이 더 정교해지고. 그렇게 조금씩 내용을 보강해가면 된다. 지금 중요한 건 완벽한 계획서를 만드는 게 아니라, 내 아이디어를 글로 옮겨보는 것이다. 그 첫걸음이 브랜드의 시작이 된다.

지금 당장 시작해보자. 브랜드는 머릿속에서가 아니라, 종이 위에서 시작된다. 내 아이디어를 글로 옮기는 순간, 브랜드는 현실이 되기 시작한다. 거창한 양식을 찾지 말고, 복잡한 양식을 다운로드하지 말고, 종이 한 장 꺼내서 써보는 것이다. 시작이 반이다.

계획은 바뀌어도, 브랜드의 본질은 변하지 않는다. 많은 사람이 사업계획서를 형식적인 문서로 여긴다. 투자를 받기 위한 도구, 지원 사업에 지원하기 위한 서류의 역할도 한다. 하지만 그보다 더 중요한 건 브랜드의 DNA를 만드는 과정이다. 머릿속에 있던 막연한 아이디어를 구체적인 언어로 옮기고, 추상적인 꿈을 실행 가능한 계획으로 바꾸는 과정. 그 과정에서 브랜드는 비로소 실체를 갖는다.

지금 이 글을 읽고 있는 사람도 머릿속에 무언가를 품고 있을 것이다. 작은 아이디어, 막연한 꿈, 언젠가 해보고 싶은 일을 머릿속에만 두지 말고, 종이 위에 옮겨보자. 거창하지 않아도 된다. 지금 생각나는 대로. 내 말로. 솔직하게. 그게 브랜드의 첫 사업계획서가 될 것이다.

엿츠는 작은 브랜드로 시작해서 지금도 작은 브랜드다. 하지만 그 작음이 약점이라고 생각하지 않는다. 오히려 그 작음 때문에 할 수 있는 일들이 있다고 믿는다. 진심을 담을 수 있고, 고객과 가까이 소통할 수 있고, 빠르게 변화할 수 있다. 그런 작은 브랜드만의 장점을 사업계획서에 담을 수 있다면, 그것만으로도 충분히 강력한 무기가 된다.

내 머릿속 아이디어가 가진 이야기는 무엇일까? 왜 그 일을 하고 싶은 걸까? 누구에게 어떤 가치를 전하고 싶은 걸까? 그 이야기를 사업계획서에 담아보자. 숫자와 그래프도 중요하지만, 그보다 더 중요한 건 진심이다. 진심이 담긴 사업계획서는 사람의 마음을 움직인다. 고객의 마음, 파트너의 마음, 그리고 무엇보다 나 자신의 마음을 움직인다. 브랜드는 머릿속이 아니라, 종이 위에서 시작된다.

Chapter 8.

유통과 마케팅:

이제 진짜 시작이야!
세상에 내보내기

작은 브랜드가

큰 시장에서 살아남는 법

첫 판매 이후,
진짜 시작은 그때부터다

01

계획을 세우고, 제품을 만들고, 시장에 내놓는 것까지는 누구나 상상할 수 있다. 하지만 제품이 실제로 팔리기 시작하면, 그때부터 전혀 다른 세계가 열린다. 댓글 하나, 클레임 하나에 마음이 흔들리고, 매일 반복되는 재고 확인과 CS 응대에 하루가 순식간에 지나간다. "드디어 팔렸다"의 기쁨이 오래가지 않는 이유다. 브랜드 운영은 출발선에서 끝나는 게 아니라, 출발선 이후에야 비로소 본격적으로 시작된다.

제품이 완성됐을 때 그때의 공허함을 지금도 기억한다. 몇 달간 매달려서 드디어 내 손에 들린 완성품. 패키지도 근사했고, 맛도 만족스러웠다. 그런데 이제 뭘 해야 하지? 주변에서는 "이제 대박 나겠네!" "언제부터 살 수 있어?"라며 축하했지만, 정작 나는 막막했다. 어디서부터 시작해야 할까, 누구에게 어떻게 팔아야 할까? 심지어 '판다'는 행위 자체가 낯설었다.

직장 생활 동안 '만드는' 일에는 익숙했지만, '파는' 일은 전혀 다른 근육을 쓰는 일이었다. 만들 때는 완벽주의자가 될 수 있지만, 팔 때는 용기 있는 현실주의자가 되어야 했다. 완벽하지 않아도 세상에 내보내고, 반응을 받아들이고, 그 속에서 개선해가는 태도가 필요했다.

처음 몇 번의 주문은 그야말로 전율이었다. 이름 모를 고객이 내 제품을 선택했다는 사실만으로 가슴이 벅찼다. 그러나 주문이 들어왔다는 건 그만큼의 책임이 생겼다는 뜻이라는 걸 곧 깨달았다. 배송이 지연되면 즉시 불만이 들어오고, 예기치 못한 불량은 곧장 브랜드 신뢰를 무너뜨린다. 기쁨과 두려움이 공존하는 순간이다.

이 시점에서 필요한 건 체력과 선택하는 힘이다. 매일 쏟아지는 크고 작은 문제에 대응하다 보면 금세 지치기 마련이다. 체력이 없으면 고객의 말 한마디에도 쉽게 무너진다. 또 모든 기회를 다 붙잡으려다 보면 정작 중요한 것 하나조차 지키지 못한다. 그래서 운영 초기에는 무엇을 하지 않을지, 어디까지 감당할지를 분명히 정하는 힘이 필요하다. 작은 브랜드는 거대한 시스템으로 움직이지 않는다. 결국 한 사람이 버티는 힘, 한 팀이 쌓아가는 리듬으로 유지된다. 그래서 '매일을 견디는 방식'을 먼저 찾아야 한다.

체력이란 단순히 몸의 힘만을 뜻하지 않는다. 마음의 회복력까지 포함한다. 실수했을 때, 고객의 차가운 반응을 마주했을 때 다시 일어설 수 있는 힘 말이다. 엿츠 초기에는 고객 후기 하나에 웃고, 또 하나에 며칠을 우울해했다. 그 감정의 롤러코스터를 매일 탈 수는 없었다.

선택하는 힘은 훨씬 더 현실적이다. 모든 기회를 다 붙잡으려다 보면 정작 중요한 것 하나도 지킬 수 없다. 엿츠도 그 길목에 여러 번 섰다. 어떤 프로모션에 참여할지, 어떤 채널을 포기할지, 가격 정책을 어떻게 유지할지, 하루에도 수십 번씩 내리는 작은 선택들이 쌓여 결국 브랜드의 방향을 만들었다. 그래서 운영 초기에는 무엇을 할지가 아니라, 무엇을 하지 않을지를 결정하는 힘이 더 중요했다.

팔려야만 비로소 보이는 현실이 있다. 그것을 견디고 선택하며 쌓아가는 능력이 생겨야 브랜드는 비로소 '운영'의 단계에 들어선다.

하지만 체력과 선택의 힘만으로는 부족하다. 혼자서는 늘 한계가 있다. 고객과 만날 수 있는 창구가 필요하고, 그 창구를 통해 꾸준히 브랜드를 알려야 한다. 결국 브랜드를 세상과 연결하는 첫 번째 관문은 분명하다.

어떤 채널에서, 어떤 방식으로 고객과 만날 것인가? 그리고 그 순서를 어떻게 설계할 것인가?

첫 유통 채널, 어떻게 설계할 것인가?

02

처음에는 어디든 입점만 하면 되지 않을까 하는 생각이 들었다. 작은 브랜드라면 주어진 기회를 모두 잡는 게 맞아 보였다. 하지만 우리는 조금 다르게 접근했다. 정답은 없지만, 방향은 있었다. 채널을 단순히 확장의 속도로 보지 않고, 적합성의 문제로 바라본 것이다.

작은 브랜드로서 유통 채널은 단순한 판매 창구가 아니다. 브랜드 평판을 쌓는 무대다. 어떤 채널에서 시작하느냐가 이후 브랜드의 이미지와 성장 방향을 결정한다는 걸 알았기에, 엿츠는 유통을 하나의 전략으로 접근했다.

1단계: 텐바이텐, 디자인 브랜드로서의 첫 평판

텐바이텐은 독특한 디자인 상품과 감성적인 콘텐츠로 유명한 편집숍이자, 다른 채널 MD들이 새로운 제품을 발굴하는 창구였다. 우리는 여기서 '감각 있는 디자인 브랜드'라는 첫인상을 만들고 싶었다. 마침 제품 패키지를 우연히 본 텐바이텐 MD가 직접 연락을 주면서, 우리의 전략과 타이밍이 절묘하게 맞아떨어졌다. 실제 입점 이후 "텐바이텐에서 봤는데요"로 시작하는 연락이 이어졌다. 첫 무대는 매출이 아니라 평판이었다.

2단계: 백화점, 품질 신뢰도 확보+고객반응테스트

엿츠는 먹거리 브랜드였기에 안전성과 품질 신뢰가 무엇보다 필요했다. 신생 브랜드는 평판이 제로에서 출발한다. 아무리 좋은 제품을 만들어도 소비자들은 처음 보는 브랜드라는 이유만으로 의심한다. 특히 식품이라면 더욱 그렇다. 그래서 우리는 백화점의 까다로운 입점 조건과 품질 기준을 통과하며 '믿을 수 있는 식품'이라는 평가를 얻고자 했다. 공신력 있는 무대에서 검증받는 과정 자체가 신뢰도를 높이는 지름길이었다. 동시에 오프라인 무대는 고객 반응을 가장 가까이에서 확인할 수 있는 기회였다. 팝업스토어와 행사에서 고객의 표정, 즉석 피드백, 재구매 의사를 직접 확인할 수 있었다. 품질은 결국 신뢰를 만든다.

3단계: 카카오 선물하기, 브랜드 에센스의 완성

품질은 결국 신뢰를 만든다. 평판과 신뢰를 얻었다면, 이제 브랜드의 진짜 정체성을 보여줄 차례다. '기분 좋은 응원'이라는 엿츠의 핵심 에센스를 가장 잘 드러낼 수 있는 무대가 바로 카카오 선물하기였다. 누군가에게 마음을 전하는 선물이라는 맥락이 브랜드 철학과 완벽하게 맞아떨어졌기 때문이다. 단순히 간식을 파는 채널이 아니라, 응원과 위로의 메시지를 건네는 브랜드 정체성을 완성하는 자리였다. 채널의 맥락이 브랜드를 완성한다.

우리가 세운 텐바이텐→백화점→카카오 선물하기 전략은 애초에 계획일 뿐이라고 생각했지만, 꾸준한 노력 끝에 하나씩 현실이 되었다.

수능 시즌 카카오 선물하기 인기 브랜드 엿츠
(출처 : 카카오톡 선물하기)

물론 이 전략이 결코 순조롭지도 않았고, 모든 브랜드에 그대로 적용되는 것은 아니다. 이것이 엿츠만의 평판→신뢰→철학으로 완성되는 3단계였다.

각 채널과의 미팅에서 가장 크게 배운 건, 채널도 하나의 브랜드라는 점이었다. 우리는 그들의 정체성에 어떻게 기여할 수 있는지, 그 맥락을 읽어내는 게 핵심이었다. 그래서 같은 제품이라도 설명 방식, 강조 포인트, 심지어 가격 전략까지 달라질 수밖에 없었다.

텐바이텐에서는 브랜드 스토리와 디자인 감각이 전부였다. 제품 사양보다 어떤 마음으로 만들었는지, 누구에게 전하고 싶은지를 먼저 물었다. 나 역시 수수료 이야기를 꺼내기 전 늘 이렇게 시작했다. "그보다 먼저, 저희 브랜드 이야기를 들려드리고 싶습니다." 놀랍게도 그 진심이 전해져 때로는 수수료 인하로까지 이어졌다.

백화점은 완전히 달랐다. 여기서는 품질 보증과 안전성이 핵심이었다. 더 정확히 말하면, 백화점의 이미지에 해가 되지 않을 것인가였다. 원재료 산지, 제조 과정, 유통기한, 보관법까지 꼼꼼하게 검증을 거쳐야 했다. 감성보다 신뢰가 우선이었고, 입점 조건도 가장 까다로웠다. 한 제품의 문제가 곧 백화점 전체의 신뢰로 이어지기도 하니 이해할 수 있었다.

카카오 선물하기에서는 '선물로서의 가치'가 무엇보다 중요했다. 포장의 세련됨, 메시지 카드의 감성, 받는 순간의 기분까지. 이곳에서는 제품을 파는 게 아니라 경험을 파는 셈이었다. "이걸 받으면 어떤 기분일까?"를 끊임없이 상상하며 준비해야 했다.

초보 브랜드가 자주 빠지는 함정이 있다. 바로 "노출이 많을수록 좋다"는 생각에 무작정 채널을 늘리는 것이다. 물론 노출이 많으면 분명 좋은 점도 있다. 하지만 작은 브랜드에는 다른 질문이 먼저다. 그만큼 감당할 수 있는가? 운영할 여력이 있는가? 그 채널의 정체성과 우리 브랜드가 맞는가? 그리고 우리의 타깃 고객이 정말 거기에 있는가? 이 조건이 맞지 않으면 노출은 기회가 아니라 위험이 된다.

엿츠도 텐바이텐 입점이 성공하자 잠시 욕심이 생겼다. "이참에 다른 곳도 다 들어가보자." 하지만 곧 맞지 않는 무대에서의 노출은 브랜드 이미지를 쌓는 게 아니라 오히려 훼손한다는 걸 깨달았다. 실제로 한 할인 플랫폼의 입점 제안은 처음엔 반가웠지만, 그곳의 고객들은 가격에만 집중했고 브랜드 스토리에는 관심이 없었다. 결국 우리의 가치와 맞지 않는다는 걸 인정하고 빠르게 철수했다. 결국 중요한 건 얼마나 많이 보이느냐가 아니라 어디에서, 누구에게, 어떤 방식으로 보이느냐였다.

물론 가장 이상적인 건 자사몰이 단단히 자리 잡는 것이다. 고객과 직접 소통하고, 브랜드 철학을 온전히 전하며, 유통 수수료 없이 로열티와 이윤을 지킬 수 있는 구조를 원했다. 처음에는 누군가의 채널을

쿠팡 수능 시즌 대표 배너 엿츠 메인 장식 (출처:쿠팡)

빌려야 하지만, 궁극적으로는 나만의 공간을 마련해야 한다. 그래야 브랜드의 결이 흐트러지지 않고, 고객과의 관계도 오래 이어진다.

유통 전략의 핵심은 확장이 아니라 적합성이다. 내 브랜드에 맞는 채널을 먼저 설계하고, 그 안에서 단계별로 평판을 쌓아가야 한다. 어디서부터 시작해 어떤 순서로 신뢰를 얻을 것인가? 그 질문에 답을 찾는 순간, 브랜드는 비로소 자신만의 길을 내기 시작한다. 결국 채널 선택도 사람을 뽑는 일과 다르지 않았다. 구인·구직에서 '핏'이 맞아야 오래 함께할 수 있듯, 브랜드와 채널도 서로의 정체성이 맞아야 한다. 그래야 관계가 소모되지 않고, 함께 성장할 수 있다.

마케팅, 큰돈 말고 작은 실행부터

03

상품이 유통 채널에 하나둘 올라가기 시작하면, 고객 주문보다 먼저 연락 오는 곳이 있다. 바로 마케팅 대행사다. 키워드 광고, 상세페이지 제작, 체험단, 인플루언서 협업 등 온갖 제안서가 메일과 문자로 쏟아진다. 잘 팔릴지도 모른다는 기대감에 상담을 이어가다, 덜컥 결제해 버리곤 했다. 좋은 파트너를 만나면 성과로 연결되기도 하지만, 대부분은 기계적인 작업에 그치고 기대만큼의 결과로 이어지지 않는다.

"일을 알아야 잘 부린다"라는 말은 마케팅에도 그대로 적용됐다. 마케팅이나 홍보에 대한 이해가 부족한 상태에서는 외부 업체에 의존하는 것이 오히려 시간과 비용을 낭비하는 일이 되기 쉽다. 그들은 수많은 브랜드를 동시에 다루다 보니 내 브랜드만의 차별점을 깊이 이해하기 어렵고, 결국 매뉴얼대로 천편일률적인 방식으로 집행한다. 단기간 성과를 위해 양적 노출에만 집중하다 보니, 내 상품의 강점은 제대로 전달되지 못하고 기대만큼의 성과도 나오지 않았다. 그래서 극적인 기대를 하고 실행할수록 실망도 커지기 마련이었다. 시간이 지나 보니, 마케팅은 단순히 '많이 알리는 것'이 아니라 '제대로 알리는 것'이었다. 그리고 제대로 알리려면 외부에만 맡길 게 아니라 내가 직접 부딪혀보고 경험하며 감을 익히는 과정이 필요했다.

그 후로 접근 방식을 완전히 바꿨다. 큰 광고비 대신 기본에 집중하기로 했다. 작은 브랜드만이 할 수 있는 방식들, 대기업이 흉내 내기 어려운 장점들에 초점을 맞췄다.

첫 번째는 진심 어린 고객 응대였다. 주문이 들어올 때마다 손글씨 메모를 직접 넣었다. "시험 앞두고 주문해주셔서 감사해요. 좋은 결과 있길 응원합니다." 이런 개인화된 메시지는 대기업에서는 결코 할 수 없는 방식이었다.

두 번째는 고객 후기에 직접 답하는 것이었다. 좋은 후기에 함께 기뻐하며 감사 인사를 전하고, 아쉬운 피드백에는 개선 의지를 담았다. 작은 브랜드라서 가능한 소통이었고, 고객들도 그 진심을 알아줬다.

세 번째는 자연스러운 입소문이었다. 억지로 바이럴을 만들지 않고, 제품 자체가 화제가 될 수 있는 요소를 강화했다. 엿츠의 경우 독특한 패키지와 응원 메시지가 SNS에서 자연스럽게 퍼져 나갔다. "이거 너무 귀엽지 않아?"라며 공유되자 또 다른 주문으로 이어졌다.

그리고 이런 작은 실행들이 얼마나 강력한지 보여준, 잊지 못할 순간이 있었다. 어느 날, 한 고객에게서 전화가 걸려 왔다.

"지금 당장 엿츠가 필요해요. 운전면허를 여러 번 떨어진 친구가 있는데, 이번엔 꼭 붙었으면 해서요. 엿츠를 먹으면 붙을 것 같다고 하더라고요."

하지만 온라인 주문은 이미 마감된 상황이었고, 오프라인 매장도 없었다. "물류창고라도 갈게요. 어디든 괜찮아요." 결국 그 고객은 서울에서 평택 물류창고까지 직접 찾아와 엿츠를 사 갔다. 그것은 단순한 구매가 아니라, 친구에게 꼭 건네고 싶은 응원의 마음이 담긴 선택이었다.

이렇듯 작은 브랜드의 마케팅은 거창한 광고가 아니라, 이런 순간을 가능하게 만드는 '진심의 연결'에 있었다. 이런 경험은 확신을 주었다. 작은 브랜드의 마케팅은 결국 내가 직접 움직일 때 힘을 가진다. 외부 업체에 맡기기 전에, 내가 먼저 내 브랜드의 첫 번째 마케터가 되어야 했다. 제품을 가장 잘 알고, 고객을 가장 깊이 이해하며, 브랜드 가치를 가장 진심으로 설명할 수 있는 사람은 결국 창업자인 나 자신이니까.

그래서 자사 홈페이지와 네이버 스마트스토어 같은 기본 채널을 정비하고, 검색 엔진 등록부터 상세페이지와 상품 이미지까지 꼼꼼히 준비했다. 각 채널의 프로모션에도 직접 참여하며 감을 익혔다. 무엇보다 중요한 건 광고보다 기초를 먼저 다지는 일이었다. 주 채널이 오프라인이라면 패키지 디자인에, 온라인이라면 상세페이지와 콘텐츠 구성에 공을 들여야 했다. 아무리 좋은 광고를 집행해도 고객이 도달한 페이지나 제품이 매력적이지 않다면 소용이 없었다.

결국 엿츠가 가장 효과를 본 마케팅은 거창한 광고가 아니었다. 고객이 자발적으로 남긴 후기와 사진들이었다.

"수능 앞두고 친구에게 선물했는데 너무 좋아했어요."

"병문안 갈 때 가져갔더니 다른 분들도 관심을 보이시더라고요."

이런 이야기들은 어떤 광고보다 강력했다. 꾸며낸 문장이 아니라, 실제 상황에서 나온 진짜 경험과 감정이었기 때문이다. 그리고 그런 콘텐츠는 억지로 만들 수 있는 게 아니라, 좋은 제품과 진심 어린 서비

고객의 엿츠 후기 (출처:쿠팡 엿츠 후기)

스에서 자연스럽게 생겨나는 결과였다.

광고, 홍보, 마케팅에는 정답이 없다. 남들의 성공 사례를 따라 한다고 내게 꼭 맞는 것도 아니다. 매일 콘텐츠를 만들어야 하는 SNS는, 준비가 안 된 브랜드에는 오히려 고문에 가깝다. 내 상품에 맞는 방식은 따로 있다. 상품과 카테고리 특성에 따라 잘 팔리는 채널이 다르기 때문에, 직접 관찰하고 시도해보며 답을 찾아야 한다. 외부의 힘을 빌리더라도 처음부터 큰 비용을 올인하기보다는, 여러 방법을 소규모로 실험하며 효과가 있는 쪽에 집중하는 것이 훨씬 현명하다.

작은 브랜드의 마케팅은 큰돈이 아니라 작은 실행에서 시작된다. 그리고 그 작은 실행들이 쌓일 때, 비로소 브랜드만의 고유한 방식이 완성된다.

가격 전략,
원가+감정+전략

04

숫자가 가격을 만들지만, 납득은 감정이 만든다. 작은 브랜드의 가격은 단순히 원가에 마진을 더해서 정해지지 않는다. 그 안에는 브랜드가 어떤 태도로 세상과 대화하려는지, 고객이 그 가격에서 어떤 감정을 느끼는지도 함께 담겨 있다. 결국 중요한 건 "얼마에 팔 수 있는가?"가 아니라, '이 가격이라면 납득되는' 순간을 만드는 것이다.

처음 가격을 계산할 땐 단순해 보였다. 제품 원가와 포장재, 거기에 적당한 마진을 더하면 끝일 것 같았다. 하지만 현실은 훨씬 복잡했다. 부자재 비용, OEM 생산 단가, 물류비, 샘플 제작비, 유통 수수료, 홍보비, 반품이나 클레임 처리 비용까지, 계산할수록 비용이 늘어났다. 작은 브랜드일수록 이런 변수 하나가 전체 수익 구조를 흔들었다. 특히 OEM에 의존하는 경우, 내가 만들 수 없는 걸 대신 만들어주는 비용까지 감당해야 했다. 직접 제조였다면 일부 조정이 가능했겠지만, OEM은 협상력조차 제한적이다. 그래서 가격에는 예기치 못한 변수를 흡수할 '여유분'을 반드시 포함해야 한다. 그렇지 않으면 "도대체 왜 이 가격에 팔았지?"라는 후회가 남는다.

가격이 단순히 비용을 메우는 계산법이 아니라는 건, 고객의 감정을 살펴보면 더 분명해진다. 똑같은 1만 원이라도 지불하는 맥락에 따라 무게가 달라진다. 급하게 편의점에서 쓰는 1만 원은 아깝게 느껴지지만, 누군가에게 건네는 선물에 쓰는 1만 원은 마음이 담긴 비용으로 바뀐다. 엿츠도 마찬가지였다. 대부분의 고객이 선물로 구매했기에, 가격의 핵심은 "얼마나 저렴한가?"가 아니라 "이 가격이 마음을 잘 전해 줄 수 있는가?"였다. 실제 후기에서도 "가격이 착하다"보다는 "받는 사람이 정말 좋아했다"거나 "마음을 잘 전할 수 있었다"라는 말이 훨씬 많았다. 적정한 가격이란 싼 가격이 아니라, 감정적으로 납득되는 가격이다.

결국 가격은 브랜드의 태도를 드러내는 언어였다. 엿츠는 전통 간식을 비싼 사치품으로 만들고 싶지도 않았고, 반대로 싼 티 나는 간식으로 보이고 싶지도 않았다. 그래서 선택한 건 그 사이, "이 가격이기에 신뢰가 간다"는 균형감이었다. 가격은 곧 메시지였고, 품질·패키지·서비스가 그 메시지를 뒷받침해야 했다. 무분별한 할인에 의존하지 않고, 연중 몇 차례의 의미 있는 행사만 열며 정가 판매를 원칙으로 삼은 것도 같은 이유였다. "엿츠는 함부로 할인하지 않는다"라는 인식을 만들고 싶었다. 할인해야 팔리는 브랜드가 아니라, 가격 자체가 신뢰가 되는 브랜드로 남고 싶었다.

하지만 유통 채널과 협업을 시작하면 또 다른 현실이 펼쳐진다. 특히 백화점이나 대형몰에 입점하면 시즌마다 20% 할인 참여 요청이 들어온다. 문제는 원가가 매번 달라지는데, 할인 폭은 고정이라는 점이다. 결국 그 20%를 감당할 여유가 가격에 미리 포함되어 있어야 한다. 게다가 엿츠는 시즌성이 강한 제품이라, 수능·명절·기념일 같은 특정 시기에 판매가 집중됐다. 한정된 기간 안에 재고를 소진하려면, 일정 수준의 할인 전략을 감안한 가격 구조가 필수였다.

그래서 우리는 몇 가지 원칙을 세웠다. 첫째, 현실적인 수치를 기반으로 한다. 모든 비용을 꼼꼼히 계산하고, 예상치 못한 변동 요인까지 포함한다. 둘째, 브랜드 가치와 어긋나지 않아야 한다. 가격이 우리 브랜드의 태도와 모순된다면, 결국 브랜드의 신뢰가 흔들린다. 셋째, 고객의 감정을 존중한다. 사람들은 가격표보다 왜 이 가격인지에 더 민감하다. 마지막으로, 장기적인 관점을 유지한다. 당장의 매출을 위해 무리하게 낮추기보다는, 지속 가능한 구조를 설계하는 게 중요하다.

결국 가격은 단순히 제품을 팔기 위한 도구가 아니라, 브랜드가 세상과 대화하는 방식이다. 누구나 싸게 팔 수는 있다. 하지만 "이 가격이기에 납득된다"는 신뢰를 주는 건 아무 브랜드나 할 수 있는 일이 아니다. 그게 바로 작은 브랜드가 만들어야 할 가격 전략이다.

포기의 기술, **집중의 힘**

05

　브랜드가 어느 정도 자리 잡기 시작하면, 새로운 고민이 생긴다. 더 많은 기회가 들어오고, 더 많은 채널에서 손을 내밀고, 더 다양한 제안들이 쏟아진다. 그럴 때마다 마주하게 되는 질문. "이 모든 걸 다 할 수 있을까? 그리고 다 해야 할까?"

　처음엔 모든 기회가 소중해 보인다. 거절하기가 아깝고, 혹시 놓치는 게 있을까 봐 불안하다. 하지만 시간이 지나면서 작은 브랜드의 성장은 확장이 아니라 집중에서 시작된다는 걸 깨닫는다. 모든 걸 다 하려다가 정작 중요한 일을 제대로 못 하는 순간들을 경험하고 나서야 알게 되는 진실이다. 작은 브랜드의 진짜 힘은 모든 걸 하지 않는 것에 있다. 자원이 한정된 만큼, 어디에 집중하고 어디를 포기할지 결정하는 게 곧 생존 전략이다.

　채널이 늘어날수록 재고, 인력, 비용, 소통 같은 관리 포인트가 기하급수적으로 불어난다. 처음엔 기회를 붙잡는 게 성장처럼 보이지만, 어느 순간부터는 브랜드 본질보다 운영에 끌려다니는 일이 많아진다. 그래서 중요한 건 선택과 집중이다. 내가 직접 컨트롤할 수 없는 영역은 과감히 줄이고, 내 힘으로 지킬 수 있는 범위 안에서 최대한 효율적으로 움직여야 한다. 그래야 지치지 않는다.

백화점 판매 현장

브랜드 태도도 마찬가지다. 어디에 입점했는지, 어떤 마케팅을 했는지보다 중요한 건 우리가 어떤 태도로 이 브랜드를 운영하느냐다. 태도가 흔들리지 않으면, 시장이 변해도 고객은 그 일관성에서 신뢰를 느낀다. 결국 태도를 지키는 게 생존의 핵심 전략이다.

엿츠도 그런 선택의 순간들이 있었다. 텐바이텐에서 시작해서 백화점, 공항 면세점, 대형마트까지 채널이 점점 늘어났다. 처음엔 우리 브랜드가 이렇게 많은 곳에서 팔리는구나 싶어 뿌듯했다. 하지만 곧 현실을 마주했다.

각 채널마다 요구하는 조건이 달랐다. 특히 백화점은 구조가 까다로웠다. 내가 원하는 한 지점만 선택할 수 없고, 여러 지점을 동시에 진행해야 했다. 상대적으로 매출이 적은 지점까지 함께 묶여 있어 부담이 컸다.

더 큰 문제는 인력이었다. 일주일 정도 행사를 하려면 최소 두 명의 판매원이 교대로 서야 했고, 백화점 교육을 이수한 사람만 투입할 수 있었다. 엿츠는 젊은 브랜드라 기존 판매원보다 우리 이야기를 이해하고 전달할 수 있는 사람이 필요했다. 결국 새로 교육을 받게 했고, 그 기간의 일당까지 챙겨야 했다.

결과적으로는 들어가는 자원에 비해 남는 게 많지 않았다. 초반에는 '백화점 입점'이라는 타이틀만으로도 얻는 게 있었지만, 엿 하나로는 이런 방식을 오래 이어가기엔 무리였다.

무엇보다 우리가 직접 컨트롤할 수 없는 부분이 많았다. 지점별 매출 편차, 판매원 관리, 부대비용까지, 온라인에서는 모든 변수를 내가 조율할 수 있었지만 오프라인은 그렇지 않았다.

그래서 철수하기로 과감히 결정했다. 관리 부담이 크고 브랜드 정체성과 맞지 않는 채널부터 하나씩 정리하기 시작했다. 매출 숫자만 보면 아까웠지만, 장기적으로는 더 나은 선택이었다. 남은 채널에서 더 집중할 수 있었고, 브랜드 메시지도 일관성을 되찾을 수 있었다.

채널을 정리하고 나니, 이제 마케팅 방식도 다시 생각해봐야 했다. SNS는 인스타그램, 페이스북, 유튜브, 블로그까지 모든 플랫폼에서 활동하려 했다. 광고는 네이버, 구글, 페이스북에서 동시에 집행했다. 체험단, 인플루언서, PPL까지 모든 방법을 시도해보기도 했다.

하지만 결과는 예상과 달랐다. 모든 플랫폼에서 콘텐츠를 올리다 보니, 어정쩡해져서 어느 곳에서도 주목받지 못했다. 여러 광고를 동시에 집행하다 보니 예산은 분산되고 효과는 미미했다. 다양한 마케팅을 시도하다 보니 정작 우리 브랜드에 맞는 방식이 무엇인지 파악하기 어려웠다.

그래서 방향을 바꿔 하나에 집중하기로 했다. 엿츠의 경우, 인스타그램과 고객 후기에 집중했다. 다른 SNS는 최소한만 유지하고, 광고도 가장 효과가 좋은 하나의 채널에만 투자했다. 체험단이나 인플루언서보다는 진짜 고객들의 자발적인 후기를 늘리는 데 신경 썼다.

결과는 훨씬 좋았다. 집중한 만큼 콘텐츠 퀄리티가 높아졌고, 고객들과의 소통도 깊어졌다. 무엇보다 우리 브랜드만의 마케팅 스타일이 생겼다. 화려하지는 않지만, 진정성 있고 일관된 목소리를 낼 수 있었다.

하지만 가장 중요한 건 창업자인 내 시간과 에너지의 선택과 집중이었다. 하루 24시간은 한정되어 있는데, 할 일은 계속 늘어났다. 제품 개발, 마케팅, 영업, 고객 응대, 재무 관리, 팀 운영까지. 모든 걸 다 하려다 보니 어느 것도 제대로 못 하는 순간이 찾아왔다.

그래서 '하지 않을 일'을 정하는 게 더 중요하다는 걸 깨달았다. 당장 중요해 보이지만 본질과 거리가 먼 일들, 남들은 다 하지만 우리 브랜드에는 맞지 않는 일들, 시간 대비 효과가 미미한 일들을 과감히 제외했다.

대신 정말 중요한 몇 가지에 집중했다. 제품 품질, 고객과의 소통, 핵심 채널 관리에 80%의 시간을 투자하고, 나머지는 최소한만 유지했다. 결과적으로 전체적인 성과가 훨씬 좋아졌다. 선택과 집중의 과정에서 느낀 건, 이것이 브랜드의 개성을 만든다는 점이었다. 모든 걸 다 하는 브랜드는 특색이 없다. 하지만 몇 가지를 선택해서 그것만큼은 확실하게 하는 브랜드는 기억에 남는다.

엿츠는 '응원의 마음을 전하는 전통 간식 브랜드'라는 하나의 정체성에 집중했다. 그 외의 것들은 과감히 포기했다. 덕분에 고객들이 우리를 명확하게 기억하고, 필요할 때 자연스럽게 찾게 됐다.

작은 브랜드로서 선택과 집중은 선택이 아니라 필수다. 큰 회사처럼 모든 걸 다 할 수 있는 자원이 없기 때문이다. 하지만 그것이 약점이 아니라 강점이 될 수 있다. 집중할 수 있기 때문에 더 깊이 있게, 더 진정성 있게 할 수 있다.

중요한 건 무엇을 선택할 것인가만큼 무엇을 포기할 것인가를 명확히 하는 것이다. 그 기준은 브랜드의 정체성과 장기적인 목표가 되어야 한다. 당장의 매출이나 기회보다는, 우리가 정말 하고 싶은 일, 잘할 수 있는 일, 의미 있다고 생각하는 일에 집중해야 한다.

그렇게 선택과 집중을 거듭하다 보면, 어느 순간 브랜드만의 고유한 색깔이 생긴다. 그리고 그 색깔이 바로 시장에서 살아남을 수 있는 진짜 경쟁력이 된다.

완벽하지 않아도, 작아도, 느려도 괜찮은 이유

06

엿츠를 만들고 운영하면서 수없이 많은 시행착오를 겪었다. 실수도 많았고, 돌아간 길도 많았다. 그럼에도 끝까지 붙잡았던 이유는 "이 길이 내 길일까?" 하는 질문에 답하기 위해서였다. 아직도 명확한 답을 찾지 못했지만 멈출 수는 없다.

나는 한때 많이 팔리는 게 곧 잘하는 것이라고 믿었다. 그런데 시간이 지날수록 깨달았다. 매출과 브랜드 가치는 같지 않았다. 할인 마트에서 대량 주문 제안이 왔을 때, 숫자만 보면 매력적이었다. 하지만 그곳에 들어가는 순간, '응원의 선물'이라는 우리의 정체성이 흐려질 게 뻔했다. 그래서 포기했다. 그 선택이 늘 옳았다고 말할 수는 없다. 하지만 적어도 그 덕분에 엿츠는 지금까지 특별한 순간에 떠오르는 브랜드로 기억될 수 있었다.

시행착오와 선택을 거듭하다 보니, 버티기의 연속이었다. 새벽 3시, 혼자 앉아 포장지를 접다가 이게 무슨 의미가 있을까 싶어 눈물이 터진 적도 있다. 팀원들에게도 미안한 날이 많았다. 내 부족함을 가장 가까이에서 감당해야 했다. 그래서 더 미안했고, 더 고마웠다. 도망치고 싶은 순간도 셀 수 없이 많았다. 그런데 이상하게도, 매번 돌아서려 하면 작은 메시지가 나를 붙잡았다. 그 몇 줄이 다시 내 자리를 지키게 하는 힘이 되었다.

 이런 경험을 거치며 창업자의 체력은 곧 브랜드의 체력임을 깨달았다. 시간이 바닥날 때, 마음이 흔들릴 때, 돈줄이 막힐 때, 브랜드도 같이 무너진다. 나는 결국 3가지를 붙들어야 했다.

 첫 번째는 시간 관리였다. 모든 일을 다 하려다 지쳐버린 뒤에야, 제품 품질·고객 소통·핵심 채널 관리에 집중한다. 두 번째는 마음 관리였다. 칭찬에 들뜨고 악플에 무너지는 롤러코스터를 매일 타다간 오래 못 간다. 감정을 조금 거리를 두고 바라보는 훈련이 필요했다. 세 번째는 자금 관리였다. 6개월은 매출이 없어도 버틸 수 있어야 한다는 것이 내 기준이었다. 그래서 불안에 휘둘리지 않고 한두 걸음 더 버틸 수 있었다.

 체력을 관리하는 방법을 알아가면서도, 여전히 새로운 기회는 쏟아졌다. 하지만 작은 브랜드는 한 번의 잘못된 선택이 치명적일 수 있다. 그래서 시간이 지나면서 더 자주 묻기 시작했다. "정말 우리다운가? 이 길은 우리를 더 단단하게 만들어줄까?" 그 답이 "아니오"라면, 달콤한 제안이라도 망설임 없이 거절했다. 고객에게, 제품에, 브랜드의 가치에 진심을 다하려 했다. 완벽할 수는 없었지만, 일관되게 나아갔다. 한 번의 화려한 이벤트보다 매일의 작은 성실함을 선택했다. 크기를 키우는 대신 깊이를 파는 길을 택했다.

 그렇다고 실패가 없었던 건 아니다. 첫 배송에서 제품이 다 녹아 붙어버렸던 날, 마케팅 대행사에 속아 돈을 날린 날, 대량 주문 납기를 못 맞춰 죄송하다 말하던 날…. 좌절은 늘 가까이에 있었다. 하지만 실패는 적이 아니라 스승이었다. 그때마다 무릎 꿇는 마음으로 배웠다. 왜 그런 일이 일어났는지, 어떻게 막을 수 있는지 하나씩 고쳐가며 조금은 단단해졌다.

무엇보다 혼자가 아니었다. 고객의 리뷰, 파트너의 조언, 동료의 헌신, 가족의 응원, 심지어 같은 업계의 경쟁자조차도, 동반자가 되어 서로를 붙잡아줬다. 나만 힘든 게 아니라는 사실만으로도 버틸 수 있었다. 브랜드는 혼자 만드는 게 아니다. 함께 만드는 거다. 처음에는 막막했던 패키지도, 생소했던 유통도, 어려웠던 마케팅도 결국은 사람과 사람 사이의 신뢰로 풀어졌다. 방산시장에서 만난 사장님의 따뜻한 조언, 텐바이텐 MD의 격려, 고객들의 진심 어린 후기까지, 모든 만남이 엿츠를 키워낸 거름이 되었다.

나는 여전히 이 길이 맞는지 묻지만, 정답은 모르겠다. 하지만 확실한 건 누군가의 응원 순간에, 내 브랜드가 함께했다는 사실이다. 그리고 그 사실 하나면 나는 이 길을 계속 걸어도 괜찮다. 작은 브랜드가 만드는 세상은 더 다양하고, 더 따뜻하며, 더 흥미롭다. 내가 브랜드를 통해 배운 건 간단했다. 완벽하지 않아도 괜찮다. 작아도 괜찮다. 느려도 괜찮다. 중요한 건 진심과 꾸준함이었다.

에필로그

작은 질문 하나면 충분해요

평범한 직장인이었던 내가 식품 브랜드를 만들게 될 줄은 나도 몰랐다. "엿이 왜 욕처럼 쓰일까?"라는 농담 한마디가 내 삶의 진로를 바꿔버릴 줄 누가 알았을까? 실수도 많이 했다. 첫 공장 미팅에서 엉뚱한 질문만 던졌던 긴장된 날, 인쇄 직전에 발견한 오탈자, 밀 알레르기 표시를 빼먹어 전량 회수했던 날, 그 실수들은 지금 생각해도 아찔하다.

나처럼 아직도 배우는 중인 사람이 무슨 조언을 할 수 있을지 책을 쓰면서도 내내 고민했다. 하지만 문득 이 책이 필요한 사람은 나처럼 처음 시작하는 사람일지도 모른다는 생각이 들었다. 완벽한 성공담보다 작은 실패의 기록이 더 위로가 될 수도 있고, 진심 어린 고백이 누군가의 첫 시작을 도울 수도 있으니까.

브랜드는 거창한 계획이 아니라 사소한 질문에서 시작될 수도 있다. 좋아하는 마음, 그냥 해보고 싶은 마음이 브랜드의 시작이었다. 그리고 고객들에게 기쁨이 되었다. 고객들이 보내준 후기가 내게는 따뜻한 응원이었다. 엿이 사람을 기쁘게 할 수 있다는 걸, 나는 엿츠 덕분에 알았다. 브랜드를 만들면서 결국 내 마음이 고스란히 담긴다는 걸 깨달았다.

엿츠를 통해 배운 것들을 바탕으로, 지금은 새로운 도전을 시작했다. 강원도 찰옥수수로 만드는 '옥수수시티'라는 브랜드다. 엿츠가 응원의 브랜드였다면, 이번엔 일상의 구수함을 전하는 브랜드를 꿈꾸고 있다. 우리는 이를 구수리즘(Goosoorizm)이라고 부른다. 소박하고 정이 가는, 우리만의 구수한 삶의 방식이다. 또 실수하고 배우겠지만, 괜찮다. 완벽하지 않아도 괜찮으니까.

이 책을 쓸 수 있게 해준 사람들에게 마음을 전하고 싶다. 엿츠를 함께 만든 팀원들, 오현수, 유경재, 심원아, 고영리, 권윤정, 장예석은 말도 안 되는 일정과 수많은 야근을 견디며 함께해준 사람들이었다. 지금은 각자의 자리에서 나보다 훨씬 더 크게 성장해 있다. 그런 이들과 함께했다는 게 자랑스럽다. 처음부터 끝까지 함께한 정재희 팀장, 그리고 엿츠의 든든한 파트너 우진엿 김창현 대표, 브랜드의 "왜?"를 가르쳐주신 김희재 대표께 특히 감사드린다.

이 글을 읽는 누군가는 지금 머릿속에 무언가를 품고 있을 거다. 작은 아이디어든, 막연한 꿈이든, 언젠가 해보고 싶은 일이든 말이다. 사실, 그 순간 이미 시작된 거다. 사소한 질문도, 별것 아닌 바람도, 얼핏 스치는 생각도, 모두 브랜드의 씨앗이다.

흔들리는 건 당연하다. 중요한 건, 그 씨앗을 소중히 여기는 일이다. 완벽하지 않아도 괜찮고, 작아도 괜찮다. 오늘도 누군가는 작은 질문 하나로 세상을 바꿀지 모른다. 이 책의 끝이 여러분의 시작이 되길 바란다.

부록

<국내 트렌드 조사 참고 사이트>

시장 조사는 결국 현장에서 가장 잘 보입니다. 하지만 요즘은 온라인에서도 많은 단서를 얻을 수 있어요. 발로 뛰는 조사와 함께 이런 도구들을 참고하면 시장을 읽는 눈이 훨씬 넓어집니다.

책에서는 이야기 흐름상 온라인 도구 설명을 자세히 다루지 않았지만, 실제로는 현장과 온라인을 함께 보는 것이 훨씬 효과적이라서 따로 정리했어요. 예상치 못한 곳에서 유용한 단서를 발견할 수도 있습니다. 각자의 상황에 따라 필요한 자료는 다르니, 지금 브랜드의 단계와 목적에 맞게 선택해 활용하면 됩니다.

● 키워드/검색 분석

블랙키위 (https://blackkiwi.net)검색 엔진 마케팅용 데이터 분석 툴→ 온라인 광고나 키워드별 경쟁 강도를 감 볼 때 유용

네이버 데이터랩 (https://datalab.naver.com)네이버 검색 트렌드 및 쇼핑 카테고리별 검색 데이터→ 국내 소비자 검색 흐름, 계절성 확인할 때 효과적

구글 트렌드 (https://trends.google.co.kr/trends)실시간 인기 검색어, 시장·키워드 분석→ 해외나 글로벌 트렌드 비교할 때 참고

키워드마스터 (https://whereispost.com/keyword)네이버 기반 키워드 검색·분석 유틸리티→ 온라인 스토어 판매 준비할 때 키워드 탐색용

● 세대/라이프스타일

썸트렌드 (https://some.co.kr)소셜 빅데이터 기반 트렌드 분석→ SNS에서 떠오르는 주제를 빠르게 잡아낼 때 도움

대학내일20대연구소 (https://www.20slab.org)20대 전문 세대 연구소→ MZ세대 소비 패턴, 콘텐츠 취향 파악에 좋음

오픈서베이 (https://www.opensurvey.co.kr)모바일 패널 기반 소비자 조사→ 직접 설문을 돌려보고 싶을 때 활용 가능

● 산업/소비자 통계

트렌드모니터 (https://www.trendmonitor.co.kr)다양한 산업·라이프스타일 소비자 조사→ 전반적 소비 동향을 빠르게 훑을 때 참고

컨슈머인사이트 (https://consumerinsight.co.kr)외식·식품·소비자 조사 전문 리서치→ 식품/외식 분야 리서치 자료 찾을 때 유용

신한카드 트렌드 정보 (https://shorturl.at/w3TBZ)결제 데이터 기반 트렌드→ 실제 소비 지출 흐름을 객관적으로 볼 수 있음

KOSIS 국가통계포털 (https://kosis.kr)정부 제공 공신력 있는 산업·소비 통계→ 공식 수치, 산업 규모 확인할 때 기본 자료

빅카인즈 (https://www.bigkinds.or.kr)뉴스 빅데이터 분석 (종합일간지·경제지·방송사 등)→ 특정 이슈나 산업 보도의 흐름을 볼 때 활용

● 식품/농식품 동향

식품산업통계 정보 (ATFIS) (https://www.atfis.or.kr/home/bigdata/keyword.do)식품 산업 트렌드 및 원료 가격 동향→ 원재료 가격 변동, 식품 산업 흐름 파악에 도움

aT 농식품 수출정보 (https://www.atfis.or.kr)농식품 수출입, 해외 시장 리포트→ 해외 시장 진출 가능성을 볼 때 참고

농촌진흥청 KREI (https://www.krei.re.kr)농업·식품 소비 동향 및 리포트→ 농식품 관련 정책·소비 트렌드 이해할 때 유용

카테고리	서비스명	사이트	설명
키워드/검색 분석	블랙키위	https://blackkiwi.net	검색 엔진 마케팅용 데이터 분석 툴
	네이버 데이터랩	https://datalab.naver.com	네이버 검색 트렌드 및 쇼핑 카테고리별 검색 데이터
	구글 트렌드	https://trends.google.co.kr/trends	실시간 인기 검색어, 시장·키워드 분석
	키워드마스터	https://whereispost.com/keyword	네이버 기반 키워드 검색·분석 유틸리티
세대/라이프 스타일	썸트렌드	https://some.co.kr	소셜 빅데이터 기반 트렌드 분석
	대학내일20대연구소	https://www.20slab.org	20대 전문 세대 연구소
	오픈서베이	https://www.opensurvey.co.kr	모바일 패널 기반 소비자 조사
산업/소비자 통계	트렌드모니터	https://www.trendmonitor.co.kr	다양한 산업·라이프스타일 소비자 조사
	컨슈머인사이트	https://consumerinsight.co.kr	외식·식품·소비자 조사 전문 리서치
	신한카드 트렌드 정보	https://shorturl.at/w3TBZ	결제 데이터 기반 트렌드
	KOSIS 국가통계포털	https://kosis.kr	정부 제공 공신력 있는 산업·소비 통계
	빅카인즈	https://www.bigkinds.or.kr	뉴스 빅데이터 분석 (종합일간지·경제지·방송사 등)
식품/농식품 동향	식품산업통계 정보 (ATFIS)	https://www.atfis.or.kr/home/bigdata/keyword.do	식품 산업 트렌드 및 원료 가격 동향
	aT 농식품 수출정보	https://www.atfis.or.kr	농식품 수출입, 해외 시장 리포트
	농촌진흥청 KREI	https://www.krei.re.kr	농업·식품 소비 동향 및 리포트

<제조업체(OEM) 실사·점검 체크리스트>

처음 공장에 갈 때 어디까지 물어봐야 할지 막막할 수 있어요. 이 체크리스트는 모든 항목을 확인하라는 의미가 아니라, 이런 것도 눈여겨볼 수 있다는 참고용 가이드입니다. 상황에 맞게 필요한 부분만 참고하면 됩니다.

No	실사 항목	세부 항목		세부 확인 사항
1	개요	공장(회사) 설립 연도	1)	회사 설립 연도 및 규모
		주요 환경	2)	공장 입지 및 환경
		주요 품목 (조청, 엿)	3)	주력 제품& 품목
		종업원 수	4)	근무 종업원 수?
		ISO 인증	5)	iso 인증 획득 기업인지? 계획
		인증 또는 지정	6)	식품관련 인증은 몇가지나 받았는지?
		허가(신고) 품목	7)	허가(신고포함) 품목 현황은?
		품질관리	8)	품질 검사(내부, 위탁검사) 능력은?
		생산능력(량)	9)	조청일(월)생산량, 엿 일 생산량
		조청 OEM 가능 여부	10)	원하는 원료와 당화과정 주문시 생산능력은?
		엿 가공 OEM 가능 여부(포장)	11)	레시피와 판형 성형, 방습 포장 능력은?
		수출 여부	12)	수출하고 있는 품목이 있는지?

확장판 자료 무료 제공

이 책에 담긴 체크리스트의 전체 버전을 받고 싶다면, 인스타그램 @yutts.official을 팔로우하고 '체크리스트'라고 DM 보내주세요. 다운로드 링크를 보내드립니다.

※인스타그램을 사용하지 않을 경우, yutts2013@naver.com으로 연락 주세요.